LLAMADOS A SER TESTIGOS DE LA ESPERANZA

Llamados a ser testigos de la esperanza

El ministerio de catequista

Carta Apostólica *Antiquum Ministerium*
del Papa Francisco

Hosffman Ospino

PRÓLOGO POR LA
Hna. Rosalia Meza, VDMF

Paulist Press
New York / Mahwah, NJ

Las citas de las Escrituras aquí están tomadas de la *Biblia de Jerusalén Latinoamericana* (2007). Usada con permiso. Todos los derechos reservados.

Ilustración de la portada por Olga.And.Design/Shutterstock.com
Diseño de la portada y del libro por parte de Lynn Else

Library of Congress Control Number: 2022950855

ISBN 978-0-8091-5655-9 (libro de bolsillo)
ISBN 978-0-8091-8816-1 (libro electrónico)

Publicado por Paulist Press
997 Macarthur Boulevard
Mahwah, New Jersey 07430
www.paulistpress.com

Impreso y encuadernado en los
Estados Unidos de América

Índice

Prólogo

Rosalia Meza, VDMF

Antiquum Ministerium se nos ofrece como una invitación a recobrar la importancia del ministerio de la catequesis en el proceso evangelizador de la Iglesia y a reconocer el importante papel que todos tenemos como participantes activos en la vida de la comunidad cristiana.

Con frecuencia, al hablar de catequesis pensamos en alguien enseñando en un salón de clase. El Papa Francisco afirma que "La catequesis no es una lección; la catequesis es la comunicación de una experiencia y el testimonio de una fe que enciende los corazones, porque introduce el deseo de encontrar a Cristo" (Mensaje a los participantes en la conferencia internacional "El catequista, testigo del misterio", 22 de septiembre de 2018). La tarea del catequista es más que dar una lección. ¡Una catequesis efectiva involucra palabras y acciones! Es la vida del catequista la que enseña y transmite la fe y la vida de Jesús en los Evangelios. Una catequesis auténtica potencia a los creyentes a ver y a leer el Evangelio en nuestra vida. Por consiguiente, la catequesis es ciertamente parte del esfuerzo evangelizador que apoya una maduración constante de la fe. Al ser puesta en práctica, la catequesis es una manera de vivir que debe caracterizar el propio ser del discípulo de Cristo (*Directorio para la Catequesis* 1).

El Papa Francisco enfatiza el papel fundamental de los laicos en el servicio de la comunidad eclesial. Es importante reconocer la institución de este ministerio laical de catequista en particular como un ministerio al cual mujeres y hombres de toda cultura están llamados para hacer evidente la belleza de la transmisión de la fe. Toda la comunidad cristiana es responsable por el ministerio de la catequesis. Esta no es la responsabilidad solo de los ministros ordenados o de las personas consagradas. Por medio del ministerio de catequista, los laicos tienen la oportunidad de evangelizar a la luz de las distintas circunstancias de su vida y de ser testigos del Evangelio en contextos diferentes. El catequista es (1) un testigo de la fe y de la memoria de Dios, (2) un mistagogo que introduce a los demás al misterio de Dios y (3) un compañero en cuanto que el catequista es un experto en el arte del acompañamiento (véase el *Directorio para la Cataquesis* 113).

Finalmente, el ministerio de catequista "posee un fuerte valor vocacional" (*Antiquum Ministerium* 8). Por medio de este ministerio, los catequistas tienen una llamada y una vocación especial. La catequesis es un pilar para la formación en la fe y la educación religiosa. Ayudar a niños, jóvenes y adultos a conocer y a amar a Dios es uno de los aspectos más hermosos de la educación en la fe. El Papa Francisco nos recuerda que ser un catequista es más importante que trabajar como catequista. El papa observa: "Pero si tú no eres catequista....No serás fecundo, no serás fecunda. Catequista es una vocación: "ser catequista", esta es la vocación, no trabajar como catequista. ¡Cuidado!, no he dicho 'hacer' de catequista, sino 'serlo', porque incluye la vida" ("Discurso a los participantes en el Congreso Internacional sobre la Catequesis", 27 de septiembre de 2013).

¡*Antiquum Ministerium* nos impulsa a salir y a ser buenos catequistas! ¡La Iglesia necesita de buenos catequistas para que nuestra fe siga siendo compartida y floreciendo!

Introducción

Soy catequista. Esta es mi vocación. Cuando era niño escuché a alguien explicar el significado del término catequista: "una persona bautizada que hace eco a lo que cree". Tenía diez años en aquel entonces. La idea de "hacer eco" se quedó en mi mente puesto que me gustaba jugar con mi hermano y mis amigos en espacios abiertos en los cuales nuestras voces resonaban de una superficie a otra. Sabíamos que mientras más fuerte gritáramos, el eco duraba más. También aprendimos a hacer una cadena de ecos: tan pronto el primer eco perdía fuerza, repetíamos el sonido fuertemente una y otra vez. Nuestra meta era no dejar que el eco fuera consumido por el silencio. En algún momento nos preguntamos: "¿Quién escucha nuestras voces?". Decidimos mantener el eco en caso de que alguien estuviera escuchando.

La idea de ser catequista como alguien que hace eco a la fe me dejó intrigado. Así que acepté la invitación a ser uno de ellos a esa edad tan temprana. Han pasado décadas desde mi niñez y todavía soy un catequista. He sido catequista en parroquias, escuelas, pequeños grupos, grandes reuniones y como teólogo enseñando y escribiendo sobre la tradición católica. Quizás el lugar en donde más disfruto ser un catequista es en mi hogar con mis hijos. Ellos hacen las mejores preguntas y no tienen filtro alguno recordándonos a mi esposa y a mí que debemos ser consistentes con lo que decimos y hacemos cuando hablamos de la fe.

Este es un libro sobre la vocación del catequista. Ya sea que seas un catequista con mucha experiencia o alguien considerando la vocación a compartir la fe, este libro es una reflexión sobre la alegría de ser alguien que hace eco de la fe para beneficio de otras personas y las responsabilidades que vienen con ello. Como leerás en las siguientes páginas, todo comienza con el Bautismo. Ser catequista es un llamado a vivir la identidad bautismal de manera intencional y a tener el valor de compartir con otras personas que Jesús es el Señor. Un catequista es, ante todo, un discípulo misionero alegre, un testigo apasionado de lo que significa experimentar el amor de Dios aquí y ahora. Después de compartir algunas ideas sobre lo que significa discernir la vocación a ser catequista, la estructura del resto del libro sigue cuatro imágenes que espero te inspiren a apreciar más este ministerio: evangelizador, puente, compañero y profeta de esperanza.

Es un verdadero placer escribir este libro inspirado por la energía generada por el Papa Francisco al instituir el ministerio de catequista en su Carta Apostólica *Antiquum Ministerium* (2021). El texto del documento es parte del libro. Ya era hora de que nuestra Iglesia se moviera en esta dirección, afirmando un ministerio que ha dado vida a un sinnúmero de cristianos por varios milenios. El Papa Francisco es un gran catequista que lee los signos de los tiempos y ha actuado con voz profética dando este paso tan importante. Este libro no es un comentario sobre *Antiquum Ministerium* ni un análisis del ministerio especializado del catequista instituido. Otros libros hacen esto. El enfoque de este libro es la vida de los catequistas—una meditación sobre la belleza y el privilegio de nuestra vocación.

Esas preguntas que me hacía de niño cuando jugaba en espacios abiertos con mi hermano y mis amigos siguen vigentes, y más urgentes, ahora que las hago desde la perspectiva de la catequesis: ¿Qué tenemos que hacer para que el eco de la fe nunca sea consumido por el silencio? ¿Quién escucha nuestras voces? Espero que este libro sea una invitación a que hagas tuyas estas preguntas a medida que disciernes o afirmas tu llamado a ser catequista.

Carta Apostólica *Antiquum Ministerium* del Papa Francisco

1. El ministerio de Catequista en la Iglesia es muy antiguo. Entre los teólogos es opinión común que los primeros ejemplos se encuentran ya en los escritos del Nuevo Testamento. El servicio de la enseñanza encuentra su primera forma germinal en los "maestros", a los que el Apóstol hace referencia al escribir a la comunidad de Corinto: "Dios dispuso a cada uno en la Iglesia así: en primer lugar están los apóstoles; en segundo lugar, los profetas, y en tercer lugar, los maestros; enseguida vienen los que tienen el poder de hacer milagros, luego los carismas de curación de enfermedades, de asistencia a los necesitados, de gobierno y de hablar un lenguaje misterioso. ¿Acaso son todos apóstoles?, ¿o todos profetas?, ¿o todos maestros?, ¿o todos pueden hacer milagros?, ¿o tienen todos el carisma de curar enfermedades?, ¿o hablan todos un lenguaje misterioso?, ¿o todos interpretan esos lenguajes? Prefieran los carismas más valiosos. Es más, les quiero mostrar un carisma excepcional" (1 Cor 12:28–31).

El mismo Lucas al comienzo de su Evangelio afirma: "También yo, ilustre Teófilo, investigué todo con cuidado desde sus orígenes y me pareció bien escribirte este relato ordenado, para que conozcas la solidez de las enseñanzas en que fuiste instruido" (Luke 1:3–4). El evangelista parece ser muy consciente de que con sus escritos está proporcionando una forma específica de enseñanza que permite dar solidez y fuerza a cuantos ya han recibido el Bautismo. El apóstol Pablo vuelve a tratar el tema cuando recomienda a los Gálatas: "El que recibe instrucción en la Palabra comparta todos los bienes con su catequista" (Gal 6:6). El texto, como se constata, añade una peculiaridad fundamental: la comunión de vida como una característica de la fecundidad de la verdadera catequesis recibida.

---

2. Desde sus orígenes, la comunidad cristiana ha experimentado una amplia forma de ministerialidad que se ha concretado en el servicio de hombres y mujeres que, obedientes a la acción del Espíritu Santo, han dedicado su vida a la edificación de la Iglesia. Los carismas, que el Espíritu nunca ha dejado de infundir en los bautizados, encontraron en algunos momentos una forma visible y tangible de servicio directo a la comunidad cristiana en múltiples expresiones, hasta el punto de ser reconocidos como una diaconía indispensable para la comunidad. El apóstol Pablo se hace intérprete autorizado de esto cuando atestigua: "Existen diversos carismas, pero el Espíritu es el mismo. Existen diversos servicios, pero el Señor es el mismo. Existen diversas funciones, pero es el mismo Dios quien obra todo en todos. A cada uno, Dios le concede la manifestación del Espíritu en beneficio de todos. A uno, por medio del Espíritu, Dios le concede hablar con sabiduría, y a otro, según el mismo Espíritu, hablar con inteligencia. A uno, Dios le concede, por el mismo Espíritu, la fe, y a otro, por el único Espíritu, el carisma de sanar enfermedades. Y a otros hacer milagros, o la profecía, o el discernimiento de espíritus, o hablar un lenguaje misterioso, o interpretar esos lenguajes. Todo esto lo realiza el mismo y único Espíritu, quien distribuye a cada uno sus dones como él quiere" (1 Cor 12:4–11).

Por lo tanto, dentro de la gran tradición carismática del Nuevo Testamento, es posible reconocer la presencia activa de bautizados que ejercieron el ministerio de transmitir de forma más orgánica, permanente y vinculada a las diferentes circunstancias de la vida, la enseñanza de los apóstoles y los evangelistas (cf. Conc. Ecum. Vat. II, Const. dogm., *Dei Verbum* 8). La Iglesia ha querido reconocer este servicio como una expresión concreta del carisma personal que ha favorecido grandemente el ejercicio de su misión evangelizadora. Una mirada a la vida de las primeras comunidades cristianas que se comprometieron en la difusión y el desarrollo del Evangelio, también hoy insta a la Iglesia a comprender cuáles puedan ser las nuevas expresiones con las que continúe siendo fiel a la Palabra del Señor para hacer llegar su Evangelio a toda criatura.

---

3. Toda la historia de la evangelización de estos dos milenios muestra con gran evidencia lo eficaz que ha sido la misión de los catequistas. Obispos, sacerdotes y diáconos, junto con tantos consagrados, hombres y mujeres, dedicaron su vida a la enseñanza catequética a fin de que la fe fuese un apoyo válido para la existencia personal de cada ser humano. Algunos, además, reunieron en torno a sí a otros hermanos y hermanas que, compartiendo el mismo carisma, constituyeron Órdenes religiosas dedicadas completamente al servicio de la catequesis.

No se puede olvidar a los innumerables laicos y laicas que han participado directamente en la difusión del Evangelio a través de la enseñanza catequística. Hombres y mujeres animados por una gran fe y auténticos testigos de santidad que, en algunos casos, fueron además fundadores de Iglesias y llegaron incluso a dar su vida. También en nuestros días, muchos catequistas capaces y constantes están al frente de comunidades en diversas regiones y desempeñan una misión insustituible en la transmisión y profundización de la fe. La larga lista de beatos, santos y mártires catequistas, que ha marcado la misión de la Iglesia, merece ser conocida porque constituye una fuente fecunda no sólo para la catequesis, sino para toda la historia de la espiritualidad cristiana.

---

4. A partir del Concilio Ecuménico Vaticano II, la Iglesia ha percibido con renovada conciencia la importancia del compromiso del laicado en la obra de la evangelización. Los Padres conciliares subrayaron repetidamente cuán necesaria es la implicación directa de los fieles laicos, según las diversas formas en que puede expresarse su carisma, para la "*plantatio Ecclesiae*" y el desarrollo de la comunidad cristiana. "Digna de alabanza es también esa legión tan benemérita de la obra de las misiones entre los gentiles, es decir, los catequistas, hombres y mujeres, que llenos de espíritu apostólico, prestan con grandes sacrificios una ayuda singular

y enteramente necesaria para la propagación de la fe y de la Iglesia. En nuestros días, el oficio de los Catequistas tiene una importancia extraordinaria porque resultan escasos los clérigos para evangelizar tantas multitudes y para ejercer el ministerio pastoral" (Conc. Ecum. Vat. II, Decr. *Ad Gentes* 17).

Junto a la rica enseñanza conciliar, es necesario referirse al constante interés de los Sumos Pontífices, del Sínodo de los Obispos, de las Conferencias Episcopales y de los distintos Pastores que en el transcurso de estas décadas han impulsado una notable renovación de la catequesis. El *Catecismo de la Iglesia Católica*, la Exhortación apostólica *Catechesi tradendae*, el *Directorio Catequístico General*, el *Directorio General para la Catequesis*, el reciente *Directorio para la Catequesis*, así como tantos *Catecismos* nacionales, regionales y diocesanos, son expresión del valor central de la obra catequística que pone en primer plano la instrucción y la formación permanente de los creyentes.

---

5. Sin ningún menoscabo a la misión propia del Obispo, que es la de ser el primer catequista en su Diócesis junto al presbiterio, con el que comparte la misma cura pastoral, y a la particular responsabilidad de los padres respecto a la formación cristiana de sus hijos (cf. CIC can. 774 §2; CCEO can. 618), es necesario reconocer la presencia de laicos y laicas que, en virtud del propio bautismo, se sienten llamados a colaborar en el servicio de la catequesis (cf. CIC can. 225; CCEO cans. 401 y 406). En nuestros días, esta presencia es aún más urgente debido a la renovada conciencia de la evangelización en el mundo contemporáneo (cf. Exhort. ap. *Evangelii Gaudium* 163–168), y a la imposición de una cultura globalizada (cf. Carta enc. *Fratelli Tutti* 100, 138), que reclama un auténtico encuentro con las jóvenes generaciones, sin olvidar la exigencia de metodologías e instrumentos creativos que hagan coherente el anuncio del Evangelio con la transformación misionera que la Iglesia ha emprendido. Fidelidad al pasado y responsabilidad por el presente son las condiciones indispensables para que la Iglesia pueda llevar a cabo su misión en el mundo.

Despertar el entusiasmo personal de cada bautizado y reavivar la conciencia de estar llamado a realizar la propia misión en la comunidad, requiere escuchar la voz del Espíritu que nunca deja de estar presente de manera fecunda (cf. CIC can. 774 §1; CCEO can. 617). El Espíritu llama también hoy a hombres y mujeres para que salgan al encuentro de todos los que esperan conocer la belleza, la bondad y la verdad de la fe cristiana. Es tarea de los Pastores apoyar este itinerario y enriquecer la vida de la comunidad cristiana con el reconocimiento de ministerios laicales capaces de contribuir a la transformación de la sociedad mediante "la penetración de los valores cristianos en el mundo social, político y económico" (*Evangelii Gaudium* 102).

---

6. El apostolado laical posee un valor secular indiscutible, que pide "tratar de obtener el reino de Dios gestionando los asuntos temporales y ordenándolos según Dios" (Conc. Ecum. Vat. II, Const. dogm., *Lumen Gentium* 31). Su vida cotidiana está entrelazada con vínculos y relaciones familiares y sociales que permiten verificar hasta qué punto "están especialmente llamados a hacer presente y operante a la Iglesia en aquellos lugares y circunstancias en que sólo puede llegar a ser sal de la tierra a través de ellos" (*Lumen Gentium* 33). Sin embargo, es bueno recordar que además de este apostolado "los laicos también pueden ser llamados de diversos modos a una colaboración más inmediata con el apostolado de la Jerarquía, al igual que aquellos hombres y mujeres que ayudaban al apóstol Pablo en la evangelización, trabajando mucho por el Señor" (*Lumen Gentium* 33).

La particular función desempeñada por el Catequista, en todo caso, se especifica dentro de otros servicios presentes en la comunidad cristiana. El Catequista, en efecto, está llamado en primer lugar a manifestar su competencia en el servicio pastoral de la transmisión de la fe, que se desarrolla en sus diversas etapas: desde el primer anuncio que introduce al *kerygma*, pasando por la enseñanza que hace tomar conciencia de la nueva vida en Cristo y prepara en particular a los sacramentos de la iniciación cristiana, hasta la formación permanente que permite a cada bautizado estar siempre dispuesto a "dar respuesta a todo el que les pida dar razón de su esperanza" (cf. 1 Pet 3:15). El Catequista es al mismo tiempo testigo de la fe, maestro y mistagogo, acompañante y pedagogo que enseña en nombre de la Iglesia. Una identidad que sólo puede desarrollarse con coherencia y responsabilidad mediante la oración, el estudio y la participación directa en la vida de la comunidad (cf. Pontificio Consejo para la Promoción de la Nueva Evangelización, *Directorio para la Catequesis* 113).

---

7. Con clarividencia, San Pablo VI promulgó la Carta apostólica *Ministeria Quaedam* con la intención no sólo de adaptar los ministerios de Lector y de Acólito al nuevo momento histórico (cf. Carta ap. *Spiritus Domini*), sino también para instar a las Conferencias Episcopales a ser promotoras de otros ministerios, incluido el de Catequista: "Además de los ministerios comunes a toda la Iglesia Latina, nada impide que las Conferencias Episcopales pidan a la Sede Apostólica la institución de otros que por razones particulares crean necesarios o muy útiles en la propia región. Entre estos están, por ejemplo, el oficio *de Ostiario, de Exorcista* y *de Catequista*". La misma apremiante invitación reapareció en la Exhortación apostólica *Evangelii Nuntiandi* cuando, pidiendo saber leer las exigencias actuales de la comunidad cristiana en fiel continuidad con los orígenes, exhortaba a encontrar nuevas formas ministeriales para una pastoral renovada: "Tales ministerios, nuevos en apariencia pero muy vinculados a experiencias vividas por la Iglesia a lo largo de su existencia—por ejemplo, el de catequista [...]—, son preciosos para la implantación, la vida y el crecimiento de la Iglesia y para su capacidad de irradiarse en torno a ella y hacia los que están lejos" (San Pablo VI, Exhort. ap. *Evangelii Nuntiandi* 73).

No se puede negar, por tanto, que "ha crecido la conciencia de la identidad y la misión del laico en la Iglesia. Se cuenta con un numeroso laicado, aunque no suficiente, con arraigado sentido de comunidad y una gran fidelidad en el compromiso de la caridad, la catequesis, la celebración de la fe" (*Evangelii Gaudium* 102). De ello se deduce que recibir un ministerio laical como el de Catequista da mayor énfasis al compromiso misionero propio de cada bautizado, que en todo caso debe llevarse a cabo de forma plenamente secular sin caer en ninguna expresión de clericalización.

---

8. Este ministerio posee un fuerte valor vocacional que requiere el debido discernimiento por parte del Obispo y que se evidencia con el Rito de Institución. En efecto, éste es un servicio estable que se presta a la Iglesia

local según las necesidades pastorales identificadas por el Ordinario del lugar, pero realizado de manera laical como lo exige la naturaleza misma del ministerio. Es conveniente que al ministerio instituido de Catequista sean llamados hombres y mujeres de profunda fe y madurez humana, que participen activamente en la vida de la comunidad cristiana, que puedan ser acogedores, generosos y vivan en comunión fraterna, que reciban la debida formación bíblica, teológica, pastoral y pedagógica para ser comunicadores atentos de la verdad de la fe, y que hayan adquirido ya una experiencia previa de catequesis (cf. Conc. Ecum. Vat. II, Decr. *Christus Dominus* 14; CIC can. 231 §1; CCEO can. 409 §1). Se requiere que sean fieles colaboradores de los sacerdotes y los diáconos, dispuestos a ejercer el ministerio donde sea necesario, y animados por un verdadero entusiasmo apostólico.

En consecuencia, después de haber ponderado cada aspecto, en virtud de la autoridad apostólica

instituyo
el ministerio laical de Catequista

La Congregación para el Culto Divino y la Disciplina de los Sacramentos se encargará en breve de publicar el Rito de Institución del ministerio laical de Catequista.

---

9. Invito, pues, a las Conferencias Episcopales a hacer efectivo el ministerio de Catequista, estableciendo el necesario *itinerario* de formación y los criterios normativos para acceder a él, encontrando las formas más coherentes para el servicio que ellos estarán llamados a realizar en conformidad con lo expresado en esta Carta apostólica.

---

10. Los Sínodos de las Iglesias Orientales o las Asambleas de los Jerarcas podrán acoger lo aquí establecido para sus respectivas Iglesias *sui iuris*, en base al propio derecho particular.

---

11. Los Pastores no dejen de hacer propia la exhortación de los Padres

conciliares cuando recordaban: "Saben que no han sido instituidos por Cristo para asumir por sí solos toda la misión salvífica de la Iglesia en el mundo, sino que su eminente función consiste en apacentar a los fieles y reconocer sus servicios y carismas de tal suerte que todos, a su modo, cooperen unánimemente en la obra común" (*Lumen Gentium* 30). Que el discernimiento de los dones que el Espíritu Santo nunca deja de conceder a su Iglesia sea para ellos el apoyo necesario a fin de hacer efectivo el ministerio de Catequista para el crecimiento de la propia comunidad.

Lo establecido con esta Carta apostólica en forma de "Motu Proprio", ordeno que tenga vigencia de manera firme y estable, no obstante cualquier disposición contraria, aunque sea digna de particular mención, y que sea promulgada mediante su publicación en *L'Osservatore Romano*, entrando en vigor el mismo día, y sucesivamente se publique en el comentario oficial de las *Acta Apostolicae Sedis*.

Dado en Roma, junto a San Juan de Letrán, el día 10 de mayo del año 2021, Memoria litúrgica de san Juan de Ávila, presbítero y doctor de la Iglesia, noveno de mi pontificado.

Francisco

Comentario

Rino Fisichella

"El ministerio de Catequista en la Iglesia es muy antiguo". Con esta sencilla e inmediata consideración, el Papa Francisco instituye para la Iglesia del tercer milenio un nuevo ministerio que, sin embargo, siempre ha acompañado el camino de la evangelización para la Iglesia de todos los tiempos y longitudes, el de Catequista. Tras la publicación del *Directorio para la catequesis* el pasado 23 de marzo de 2020, un paso más para la renovación de la catequesis y su eficaz labor en la nueva evangelización es el establecimiento de este específico ministerio laical al que están llamados hombres y mujeres presentes en toda la Iglesia que con su dedicación hacen evidente la belleza de la transmisión de la fe.

Es significativo que el Papa Francisco haga público este *Motu proprio* en la memoria litúrgica de san Juan de Ávila (1499–1569). Este Doctor de la Iglesia fue capaz de ofrecer a los creyentes de su tiempo la belleza de la Palabra de Dios y la enseñanza viva de la Iglesia en un lenguaje no solo accesible a todos, sino revestido de una intensa espiritualidad. Era un magnifico teólogo, y por ello un gran catequista. Redactó en 1554 el catecismo *La Doctrina Cristiana*, dividido en cuatro partes, con un lenguaje tan sencillo y accesible para todos que podía ser cantado como una cantilena, y aprendido de memoria como una canción infantil útil para todas las circunstancias de la vida. La elección de esta fecha no es casual, porque compromete a los catequistas a inspirarse en el testimonio de un santo que hizo fecundo su apostolado catequístico a través de la oración, el estudio de la teología y la simple comunicación de la fe.

Es indiscutible que la Carta Apostólica *Antiquum Ministerium* marca una gran novedad con la que se advierte fácilmente cómo el Papa Francisco lleva a cabo un deseo de Pablo VI. En 1975, de hecho, en la Exhortación Apostólica *Evangelii Nuntiandi* (73), el Santo Padre escribió:

> Los seglares también pueden sentirse llamados o ser llamados a colaborar con sus Pastores en el servicio de la comunidad eclesial, para el crecimiento y la vida de esta, ejerciendo ministerios muy diversos....Una mirada sobre los orígenes de la Iglesia es muy esclarecedora y aporta el beneficio de una experiencia en materia de ministerios, experiencia tanto más valiosa en cuanto que ha permitido a la Iglesia consolidarse, crecer y extenderse. No obstante, esta atención a las fuentes debe ser completada con otra: la atención a las necesidades actuales de la humanidad y de la Iglesia. Beber en estas fuentes siempre inspiradoras, no sacrificar nada de estos valores y saber adaptarse a las exigencias y a las necesidades actuales, tales son los ejes que permitirán buscar con sabiduría y poner en claro los ministerios que necesita la Iglesia....Tales ministerios, nuevos en apariencia pero muy vinculados a experiencias vividas por la Iglesia a lo largo de su existencia—por ejemplo, el de catequista—, son preciosos para la implantación, la vida y el crecimiento de la Iglesia y para su capacidad de irradiarse en torno a ella y hacia los que están lejos.

La cita mantiene una fuerte actualidad y permite comprobar directamente el contexto eclesial en el que se inserta este nuevo ministerio, al tiempo que se considera la dinámica con la que se desarrolla. Solo en la unidad entre una profunda atención a nuestras raíces y una mirada realista al presente es posible comprender la exigencia de la Iglesia para llegar a la institución de un nuevo ministerio eclesial. Tuvieron que pasar casi cincuenta años para que la Iglesia reconociera que el servicio prestado por tantos hombres y mujeres a través de su compromiso con la catequesis constituye verdaderamente un ministerio particular para el crecimiento de la comunidad cristiana.

Comentario

Instituir un ministerio por parte de la Iglesia equivale a establecer que la persona investida de ese carisma está realizando un auténtico servicio eclesial a la comunidad. El ministerio está fuertemente asociado a las primeras comunidades que, desde el principio de su existencia, experimentaron la presencia de hombres y mujeres dedicados a desempeñar ciertos servicios en particular. Esto era así para el ministerio de los obispos, presbíteros y diáconos, pero también para los que eran reconocidos como evangelistas, profetas y maestros. Se puede decir, por tanto, que la catequesis siempre ha acompañado el compromiso evangelizador de la Iglesia y era aún más necesaria cuando estaba destinada a los que se preparaban para recibir el Bautismo, los catecúmenos. Esta actividad era considerada de suma importancia hasta el punto de llevar a la comunidad cristiana a establecer el compartir los bienes y el sustento de los catequistas.

Con la institución del *ministerio de catequista*, el Papa Francisco promueve aún más la formación y el compromiso de los laicos. Es una nota que merece ser considerada porque añade una connotación aún más concreta al gran impulso ofrecido por el Concilio Vaticano II, que en las últimas décadas se ha visto muy enriquecido no solo por un magisterio específico al respecto, sino sobre todo por un compromiso real en la Iglesia y en el mundo. No hay que subestimar la consideración que ofrece el papa: "El apostolado laical posee un valor secular indiscutible….Su vida cotidiana está entrelazada con vínculos y relaciones familiares y sociales que permiten verificar hasta qué punto 'están especialmente llamados a hacer presente y operante a la Iglesia en aquellos lugares y circunstancias en que sólo puede llegar a ser sal de la tierra a través de ellos' (LG 33)" (*Antiquum Ministerium* 6).

La conclusión a la que llega el Papa Francisco es muy clara: "Se cuenta con un numeroso laicado, aunque no suficiente, con arraigado sentido de comunidad y una gran fidelidad en el compromiso de la caridad, la catequesis, la celebración de la fe" (EG 102). De ello se deduce que recibir un ministerio laical como el de catequista da mayor énfasis al compromiso misionero propio de cada bautizado, que en todo caso debe llevarse a cabo de forma plenamente secular sin caer en ninguna expresión de clericalización" (*Antiquum Ministerium* 7). En esta conclusión se juega gran parte de la novedad que aporta este ministerio: hombres y mujeres son llamados a expresar de la mejor manera posible su vocación bautismal, no como sustitutos de los sacerdotes o de las personas consagradas, sino como auténticos laicos y laicas que, en la particularidad de su ministerio, hacen posible experimentar en toda su extensión la llamada bautismal al testimonio y al servicio eficaz en la comunidad y en el mundo.

No cabe duda de que la institución de este ministerio, junto con el del acolitado y del lectorado, permitirá tener un laicado mejor formado y preparado en la transmisión de la fe. Los catequistas no pueden ser improvisados, porque el compromiso de transmitir la fe, además del conocimiento de sus contenidos, requiere un encuentro personal previo con el Señor. Quien ejerce el *ministerio de catequista* sabe que habla en nombre de la Iglesia y transmite la fe de la Iglesia. Esta responsabilidad no se puede delegar, sino que implica a cada uno personalmente. Este servicio, sin embargo, debe vivirse de forma "secular" sin caer en formas de clericalismo que empañen la verdadera identidad del ministerio, que debe expresarse no principalmente en el ámbito litúrgico, sino en el ámbito específico de la transmisión de la fe mediante el anuncio y la enseñanza sistemática.

Es evidente que no todos los que hoy son catequistas podrán acceder al *ministerio de catequista*. Este ministerio está reservado a quienes cumplen ciertos requisitos que el *Motu proprio* enumera. En primer lugar, el de la dimensión vocacional para servir a la Iglesia donde el obispo lo considere más cualificado. El ministerio no se da para la gratificación personal, sino para el servicio que se pretende prestar a la Iglesia local y a servicio de donde el obispo considere necesaria la presencia del catequista. No hay que olvidar que en diversas regiones donde la presencia de sacerdotes es nula o escasa, la figura del catequista es la de aquel que preside la comunidad y la mantiene arraigada en la fe.

Es en este sentido que hay que entender lo que escribe el Papa Francisco: "es un servicio estable que se presta a la Iglesia local según las necesidades pastorales identificadas por el Ordinario del lugar, pero realizado de manera laical como lo exige la naturaleza misma del ministerio" (*Antiquum Ministerium* 8). Para corresponder plenamente a la vocación, es muy necesaria una formación que presente convenientemente los contenidos fundamentales de la fe. Las diócesis deberán proveer, para que los futuros catequistas tengan una sólida preparación "bíblica, teológica, pastoral y pedagógica para ser comunicadores atentos de la verdad de la fe, y que hayan adquirido ya una experiencia previa de catequesis" (*Antiquum Ministerium* 8). A este respecto, el *Catecismo de la Iglesia Católica* podrá ser el instrumento más cualificado del que cada catequista será un verdadero experto. Recorrer las cuatro partes en que se divide ayuda a adentrarse progresivamente en la riqueza del misterio profesado, celebrado, vivido y orado. Una dimensión unitaria de los contenidos de la fe que permite verificar de cerca la jerarquía de las verdades en su transmisión y las formas de ejercer el ministerio. Es de esperar, por tanto, que la institución del ministerio conduzca también a la formación de una comunidad de catequistas que crezca con la comunidad cristiana en el servicio a toda la Iglesia local, sin ninguna tentación de ceñirse a los estrechos límites de su propia realidad eclesial, y libre de cualquier forma autorreferencial.

Una vez instituido por el papa este ministerio laical, corresponde ahora a las Conferencias Episcopales hacer suya esta directriz encontrando las formas más coherentes para llevarlo a cabo. Por tanto, según las propias tradiciones locales, las Conferencias Episcopales deberán determinar los requisitos, como la edad y los estudios necesarios, las condiciones y las modalidades de acceso al ministerio; mientras que a la Congregación para el Culto Divino se le confía la tarea de publicar en breve tiempo el Rito litúrgico para la institución del ministerio por parte del obispo.

Como puede verse, se trata de una invitación dirigida a las Iglesias locales para que valoren el aporte de tantos hombres y mujeres que pretenden dedicar su vida a la catequesis como forma privilegiada de evangelización. En nombre del papa, el Pontificio Consejo para la Promoción de la Nueva Evangelización prestará toda su ayuda para que el nuevo ministerio se expanda en la Iglesia, y también para encontrar las formas de apoyar la formación de los catequistas. Esperamos que, de este modo, el proceso de la evangelización continúe su fructífero camino de inculturación en las diversas realidades locales, y que los millones de catequistas que diariamente dedican su vida a este antiguo y siempre nuevo ministerio redescubran su vocación para una comprometida renovación del proceso catequístico en beneficio de la Iglesia y de las nuevas generaciones.

EL VALOR DEL TESTIMONIO

Este horizonte nos permite insertar una nota que consideramos fundamental para el ejercicio del ministerio: el testimonio. Poseen siempre su poder de provocación las palabras de san Pablo VI cuando escribe en la *Evangelii Nuntiandi*:

> Para la Iglesia el primer medio de evangelización consiste en un testimonio de vida auténticamente cristiana, entregada a Dios en una comunión que nada debe interrumpir y a la vez consagrada igualmente al prójimo con un celo sin límites. "El hombre contemporáneo escucha más a gusto a los que dan testimonio que a los que enseñan—decíamos recientemente a un grupo de seglares—, o si escuchan a los que enseñan, es porque dan testimonio". San Pedro lo expresaba bien cuando exhortaba a una vida pura y respetuosa, para que si alguno se muestra rebelde a la palabra, sea ganado por la conducta. Será sobre todo mediante su conducta, mediante su vida, como la Iglesia evangelizará al mundo, es decir, mediante un testimonio vivido de fidelidad a Jesucristo, de pobreza y desapego de los bienes materiales, de libertad frente a los poderes del mundo, en una palabra de santidad. (41)

Expresiones fuertes pero verdaderas que evitan el subterfugio. La vida del catequista es el primer impacto que regula el encuentro con los catequistas y la transmisión de contenidos. No debe pasarse por alto, sin embargo, que la categoría de testimonio tiene un fuerte valor gnoseológico. El testimonio, de hecho, es en sí mismo una forma de conocimiento; en cierto modo, expresa una de las formas más profundas a través de las cuales las personas conocen. A través del testimonio se entra en una peculiar relación interpersonal porque, en primera instancia, se comunica la propia experiencia. La relacionalidad que se crea con el testimonio llega a la esfera más íntima de la persona porque está en juego su propia credibilidad. En el saber a través del testimonio, en efecto, se pone en juego la propia sinceridad y el riesgo de tener que confiar en el otro. Pensar que la catequesis puede ser una simple transmisión de contenidos, por tanto, es una tentación que el catequista debe evitar; es más bien necesario que la persona entre responsablemente en la esfera del testimonio para producir eficazmente los frutos del ministerio.

Formados por la acción permanente del Espíritu Santo, los ministros catequistas necesitan crecer en la confianza de que su vocación modela los corazones y hace que los demás se abran a acoger la palabra de salvación que se anuncia. Esto implica la convicción de la urgencia de la oración realizada en el Espíritu que abre la mente para seguir los caminos indicados por él. Sobre este punto, el *Directorio* indica claramente los fines cuando afirma:

> La formación tiene como finalidad, en primer lugar, concientizar a los catequistas de ser, como bautizados, verdaderos *discípulos misioneros*, es decir, sujetos activos de la evangelización y, sobre este fundamento, capacitados por la Iglesia para *cominicar* el Evangelio, *acompañar* y *educar* en la fe. Por lo tanto, la formación de los catequistas ayuda a desarrollar las habilidades necesarias para la comunicación de la fe y para acompañar el crecimiento de los hermanos. La finalidad cristocéntrica de la catequesis plasma toda la formación de los catequistas y les pide que sepan animar el camino catequístico que resalte la centralidad de Jesucristo en la historia de la salvación. (132)

Es de esperar, por tanto, que la institución del ministerio conduzca también a la formación de una comunidad de catequistas que crezca con toda la comunidad cristiana al servicio de la Iglesia local sin ninguna tentación de encerrarse en los estrechos confines de la su propia realidad eclesial, y libres de toda forma autorreferencial.

Al final, el horizonte vocacional es el más pertinente que merece ser destacado. La referencia anterior a la Primera Carta a los Corintios indica con fuerza que el don del carisma no puede ser una sugerencia personal ni una forma de vanagloria. Nadie posee el don espiritual para sí mismo, sino siempre y solo para que la comunidad crezca. El reconocimiento del carisma, por tanto, implica el gran trabajo de discernimiento con el que el obispo pronuncia la palabra decisiva.

UN MINISTERIO RICO EN SANTOS

Llevar el ministerio del catequista a sus orígenes del Nuevo Testamento nos permite descubrir la presencia de los catequistas a lo largo de la historia de la Iglesia. Un excursus sobre este aspecto nos llevaría muy lejos, pero nos permitiría tocar cuánto su trabajo ha sido no solo fructífero, sino insustituible. Un primer ejemplo ciertamente es el del diácono Deogracias a quien San Augustín se dirige en su libro *La catequesis de los principiantes*. Las observaciones del obispo son directas y evitan cualquier forma de retórica:

> Me pediste, hermano Deogracias, que te escribiera algo que pudiera serte útil acerca de la catequesis de los principiantes. Me decías, en efecto, que en Cartago, donde eres diácono, a menudo te presentan algunos que van a recibir su primera formación en la fe cristiana, porque creen que tienes abundantes dotes de catequista, por tus conocimientos de la fe y la persuasión de tus palabras. Tú, en cambio, según confiesas, casi siempre te encuentras en dificultad cuando tienes que exponer adecuadamente aquellas verdades que debemos creer para ser cristianos. No sabes cómo ha de comenzar y terminar la exposición; si, terminada ésta, debes añadir alguna exhortación o más bien los preceptos, mediante la observancia de los cuales el oyente debe aprender a mantenerse cristiano de profesión y en la realidad. Me confesaste además y te quejabas de que a menudo, durante un discurso largo y desgarbado, tú mismo te sentías insatisfecho y aburrido, y más aún las personas que instruías con tus palabras y los que te escuchaban. Y ante estos hechos te sentías obligado a pedirme, por la caridad que te debo, te escribiera algo sobre este tema, si ello no me era muy gravoso en medio de mis ocupaciones. (I.1)

Las palabras del santo obispo retienen su actualidad porque son parte de esos problemas que hasta ahora han sido el objeto de nuestra reflexión. El poner esas páginas de nuevo en las manos de los catequistas les ayudará a redescubrir un mayor entusiasmo y les traerá consolación en las dificultades.

Los santos catequistas, sin embargo, han marcado la historia de la evangelización y la catequesis. Una mirada atenta a la historia de la Iglesia demuestra con indudable certeza que los catequistas han acompañado decisivamente las etapas de la transmisión de la fe. Este no es el lugar para una cuidadosa reconstrucción; sin embargo, la institución del ministerio se convierte en una preciosa oportunidad para iniciar la elaboración de un "martirologio de los catequistas". Sería una hermosa página de historia y un testimonio imborrable del aporte de este servicio a la Iglesia.

Algunos breves recordatorios, sin embargo, ya pueden marcar el camino a seguir. Desde los primeros siglos hasta nuestros días, la Iglesia ha conocido figuras destacadas que de diversas maneras han creado una cadena consistente de transmisión viva del Evangelio. Obispos, presbíteros, consagrados y laicos, doctores de la Iglesia, y simples padres y madres de familia, forman las filas de los santos y bienaventurados catequistas. Cada país puede reclamar con orgullo su santo catequista, reconociendo en ese ministerio el servicio fecundo que lleva aún hoy a la Iglesia a proclamar la belleza de la fe en Jesucristo.

La memoria de los santos y bienaventurados catequistas debe necesariamente comenzar con Andrea Kim (1821–46), hasta ahora única en la historia de la evangelización, para traer como catequista laico las primeras semillas de la fe a Corea. Pronto se le unieron Paolo Chong y 101 compañeros que, en medio de una violencia sin precedentes, dieron su vida por la fe. A estos laicos debemos la fundación de la Iglesia en esa región, que hoy continúa siendo fecundada por su martirio. En otra parte del mundo está el caso del martirio de dos jóvenes adolescentes de Uganda, Daudi Okelo, de dieciséis años, y Jildo Irwa, de trece, los primeros catequistas africanos. Daudi nació en 1902 en el pueblo de Ogom-Payira en una familia pagana. A la edad de unos catorce años, recibió la catequesis y fue bautizado el 1 de junio de 1916. El octubre siguiente fue el momento de la primera comunión y confirmación. Terminada su formación, Daudi acogió con alegría y entusiasmo la propuesta de convertirse en catequista. A principios de 1917 murió el catequista del pueblo, y Daudi vino con entusiasmo a pedir su lugar. Junto a él, Jildo fue asignado como asistente. Nació en 1906 en el pueblo de Bar-Kitoba también de padres paganos y fue bautizado en 1916. Estos dos catequistas inmediatamente se pusieron a trabajar reuniendo a los niños y despertando la fe en ellos. Como si siempre hubieran sido catequistas, reunían a la gente para la oración de la mañana, luego se dedicaban a la catequesis de los niños y, por último, dirigían el rezo diario del rosario. *Lokokidu* es el método que adoptan los dos jóvenes catequistas; significa "las palabras de la mañana", es decir, enseñar los elementos esenciales de la fe. "No le hicimos nada malo a nadie. Estamos aquí solo para proclamar la Palabra de Dios". En esta expresión se recogen las últimas palabras de los dos mártires antes de ser asesinados cruelmente.

Junto a sus nombres, podemos añadir los del Beato Samuel Daswa (1946–90), padre, catequista y mártir de Sudáfrica; Beato Luc Sy (1938–70), mártir y catequista en Laos; la beata Maddalena Caterina Morano (1847–1908), que se dedicó durante toda su vida a la catequesis en las ciudades de Sicilia y ahora es proclamada por la Diócesis de Messina como patrona de los catequistas; san Pedro Calungsod (1654–72), catequista y mártir filipino, que con su obra queda como un gran testigo y pescador de jóvenes; santa Giulia Salzano (1846–1929), que quiso fundar la Congregación de las Hermanas de la Doctrina Cristiana; Beato István Sándor (1914–53), catequista y mártir en Hungría bajo el régimen comunista ateo; el brillante catequista croata Ivan Merz (1896–1928), que se dedicó de lleno al apostolado entre los jóvenes; san Jorge Preca (1880–1962), sacerdote catequista y fundador de la Sociedad de Doctrina Cristiana. El martirologio podría continuar y mostraría una lista de jóvenes que han hecho de la catequesis su razón de vivir.

África, China, Japón, Corea, Vietnam y España durante la guerra civil, para limitarnos a los dos últimos siglos, se caracterizan por el martirio de jóvenes catequistas que han hecho fecunda la fe en sus respectivos países. La historia del martirio, sin embargo, no ha terminado. Continúa hasta la venida del Señor, porque siempre habrá catequistas valientes que no tendrán miedo de ser discípulos fieles incluso frente a las fuerzas cada vez más sutiles que pretenden en vano detener la historia de la salvación.

Para no dar la impresión de que los santos catequistas solo pertenecen al pasado, es bueno recordar una figura de nuestros días que con su testimonio sostiene nuestra fe cada vez más débil y puede ofrecer entusiasmo a quienes se preparan para recibir el nuevo ministerio. El último, en orden cronológico, es el Beato Carlo Acutis (1991–2006), un joven catequista que a través de su entusiasmo por nuevos medios de comunicación como Internet encontró la manera de comunicar el valor de la Eucaristía y la devoción a la Virgen María a sus compañeros.

Este breve recordatorio es solo el *comienzo* de ese innumerable grupo de catequistas que, durante estos dos mil años, han sido testigos de la fe y con su ministerio han hecho posible que generaciones de personas se acerquen a la fe y comprendan la belleza de ser cristianos. Este llamado conduce inevitablemente a la apertura del gran capítulo de la espiritualidad y de la formación de quienes recibirán el ministerio. Es un auténtico camino de acompañamiento que estamos obligados a crear para que la *comunión* con el Señor se convierta en el principio rector del servicio catequístico. La comunidad cristiana permanece como el lugar insustituible donde el crecimiento de los catequistas permite no solo contextualizar el ministerio, sino, sobre todo, verlo realizado como un rostro fecundo de comunión. Dado que la catequesis incide directamente en la transmisión y conocimiento de la fe, quienes asuman el ministerio de la misma tendrán la oportunidad de concretar el crecimiento efectivo en su respuesta al llamado de Dios y no podrán dejar de ver de primera mano lo que significa la fe. nace del amor y el amor tiene el deseo y la necesidad de conocer cada vez más a la persona que ama.

SER CATEQUISTA

La palabra final de estas consideraciones sobre esta carta apostólica se encuentra en las palabras del Papa Francisco en su primer encuentro con los catequistas durante el Año de la fe. En ese momento, lleno de entusiasmo por el inicio de su pontificado, el papa entregó un mensaje que queda como la síntesis más coherente a la que habrán de remitirse quienes asuman el ministerio de catequistas:

> La catequesis es un pilar maestro para la educación de la fe, y hacen falta buenos catequistas. Gracias por este servicio a la Iglesia y en la Iglesia. Aunque a veces pueda ser difícil, se trabaje mucho, con mucho empeño, y no se vean los resultados deseados, educar en la

fe es hermoso. Es, quizás, la mejor herencia que podemos dejar: la fe. Educar en la fe, para hacerla crecer. Ayudar a niños, muchachos, jóvenes y adultos a conocer y amar cada vez más al Señor, es una de las más bellas aventuras educativas: se construye la Iglesia. «Ser» catequistas. No trabajar como catequistas: eso no vale. Uno trabaja como catequista porque le gusta la enseñanza.…Pero si tú no eres catequista, ¡no vale! No serás fecundo, no serás fecunda. Catequista es una vocación: "ser catequista", ésta es la vocación, no trabajar como catequista. ¡Cuidado!, no he dicho «hacer» de catequista, sino «serlo», porque incluye la vida. Se guía al encuentro con Jesús con las palabras y con la vida, con el testimonio. Recuerden lo que nos dijo Benedicto XVI: "La Iglesia no crece por proselitismo. Crece por atracción". Y lo que atrae es el testimonio. Ser catequista significa dar testimonio de la fe; ser coherente en la propia vida. Y esto no es fácil. ¡No es fácil! Ayudamos, guiamos al encuentro con Jesús con las palabras y con la vida, con el testimonio.

Hablaré de tres cosas: Ante todo, caminar desde Cristo significa *tener familiaridad con él*, tener esta familiaridad con Jesús: Jesús insiste sobre esto a sus discípulos en la Última Cena, cuando se apresta a vivir el más alto don de amor, el sacrificio de la cruz.… Para un discípulo, lo primero es estar con el Maestro, escucharle, aprender de él. Y esto vale siempre, es un camino que dura toda la vida.…¿Cómo vivo yo este estar con Jesús, este permanecer con Él?". ¿Hay momentos en los que me pongo en su presencia, en silencio, me dejo mirar por él? ¿Dejo que su fuego inflame mi corazón? Si en nuestros corazones no está el calor de Dios, de su amor, de su ternura, ¿cómo podemos nosotros, pobres pecadores, inflamar el corazón de los demás? Piensen en esto.

El segundo elemento es el siguiente: *Caminar desde Cristo significa imitarlo en el salir de sí e ir al encuentro del otro.* Ésta es una experiencia hermosa y un poco paradójica. ¿Por qué? Porque quien pone a Cristo en el centro de su vida, se descentra. Cuanto más te unes a Jesús y él se convierte en el centro de tu vida, tanto más te hace Él salir de ti mismo, te descentra y te abre a los demás. Éste es el verdadero dinamismo del amor, éste es el movimiento de Dios mismo. Dios es el centro, pero siempre es don de sí, relación, vida que se comunica….Así nos hacemos también nosotros si permanecemos unidos a Cristo; Él nos hace entrar en esta dinámica del amor. Donde hay verdadera vida en Cristo, hay apertura al otro, hay salida de sí mismo para ir al encuentro del otro en nombre de Cristo. Y ésta es la tarea del catequista: salir continuamente de sí por amor, para dar testimonio de Jesús y hablar de Jesús, predicar a Jesús. Esto es importante porque lo hace el Señor: es el mismo Señor quien nos apremia a salir….

El catequista es consciente de haber recibido un don, el don de la fe, y lo da como don a los otros. Y esto es hermoso. ¡Y no se queda para sí su tanto por ciento! Todo lo que recibe lo da. No se trata de un negocio. No es un negocio. Es puro don: don recibido y don transmitido. Y el catequista se encuentra allí, en ese intercambio del don….

Y el tercer elemento: *caminar desde Cristo* significa *no tener miedo de ir con Él a las periferias*. Por favor, no se entiende un catequista que no sea creativo. Y la creatividad es como la columna vertebral del catequista. Dios es creativo, no está encerrado, y por eso nunca es rígido. Dios no es rígido. Nos acoge, sale a nuestro encuentro, nos comprende. Para ser fieles, para ser creativos, hay que saber cambiar. Saber cambiar. ¿Y para qué tengo que cambiar? Para adecuarme a las circunstancias en las que tengo que anunciar el Evangelio. Para permanecer con Dios, hay que saber salir, no tener miedo de salir. Si un catequista se deja ganar por el temor, es un cobarde; si un catequista se queda impasible, termina siendo una estatua de museo: ¡y tenemos tantos! ¡Tenemos tantos! Por favor, nada de estatuas de museo. Si un catequista es rígido, él o ella se secará o se marchitará….Pero ¡cuidado! Jesús no dice: vayan y apáñense. ¡No, no dice eso! Jesús dice: Vayan, yo estoy con ustedes. Aquí está nuestra belleza y nuestra fuerza: si vamos, si salimos a llevar su evangelio con amor, con verdadero espíritu apostólico, con *parresía*, él camina con nosotros, nos precede—lo digo en español—nos "primerea".

Con razón, por tanto, el Concilio afirmó: "La tarea del catequista es de suma importancia" (cf. *Ad Gentes* 17). El camino ahora está trazado para los que serán ministros catequistas. Es un camino hecho por la comunidad de los santos, para que la fe crezca y siga dando un profundo sentido de vida a las generaciones que vendrán después de nosotros.

Rino Fisichella es el presidente del Consejo Pontificio para la Promoción de la Nueva Evangelización.

1

La vocación del catequista

"¿Quieres ser catequista?" Esta es una pregunta frecuente que escuchamos en parroquias y grupos, especialmente cuando los programas de educación religiosa reanudan al principio del año académico o cuando hay un grupo de personas interesadas en ser iniciadas en la fe como miembros de la comunidad católica. La pregunta es interesante. La mayoría de católicos tenemos una idea general de lo que significa ser catequista: alguien que enseña la doctrina a niños, jóvenes y adultos; alguien que prepara a otras personas para recibir los sacramentos; una persona que está dispuesta a hablar de Dios y a compartir su fe con los demás. Los hemos visto en nuestras parroquias. Sabemos quiénes son los catequistas en nuestra comunidad. Aun así, nos preguntamos cuando recibimos la invitación: "¿Qué significa exactamente ser un catequista?".

He escuchado a personas en mi parroquia y en otras partes decir: "Nunca podría ser un catequista". Usualmente les pregunto por qué. La respuesta más común es: "No soy un maestro (o una maestra)" Cuando la gente dice la palabra *maestro*, es muy posible que la imagen que viene a sus mentes es la de un maestro o maestra de escuela—alguien con títulos académicos, con formación especializada y que sabe cómo estar un día completo en un salón de clase lleno de estudiantes. Aunque algunos catequistas son maestros profesionales, la mayoría no lo son.

Actualmente muchos esfuerzos catequéticos tienen lugar en salones de clase. Este es el resultado de lo que se llama el "modelo escolar". Este modelo es muy cercano a la experiencia de la *escuela dominical* entre los cristianos protestantes, de quienes los católicos en los Estados Unidos aprendimos varias ideas. También hemos sido influenciados por la experiencia de los colegios católicos, de los cuales millones de niños y jóvenes católicos se han beneficiado por décadas. Las parroquias organizan espacios de aprendizaje al estilo de salones de clase. Quienes reciben la catequesis se reúnen en estos salones o espacios que parecen salones de clase: Alguien se para al frente del grupo a enseñar una lección, el grupo sigue un texto y, al final, los participantes se van con una tarea o un compromiso. Cuando la gente piensa en los catequistas como maestros en este sentido tradicional, es fácil entender por qué muchos no se ven en este rol o con la capacidad de ser catequistas.

Los catequistas somos, sin duda alguna, maestros y maestras de la fe. Sin embargo, quiero invitarte a considerar una manera más amplia y quizás más dinámica de entender lo que significa ser un catequista. La palabra catequesis está formada por dos términos en griego—*kata* (que significa "completamente") y *ekhein* (que significa "resonar")—los cuales juntos pueden traducirse como "hacer eco", "instruir oralmente", "contar una historia" e incluso "tener una conversación intencional" que resuene en los más íntimo de nuestro ser. La catequesis consiste ante todo en dar testimonio más que en transmitir contenido o doctrinas, lo cual también es importante, aunque solo una parte de la experiencia. Los catequistas somos testigos que compartimos con alegría el tesoro de la fe cristiana y las cosas maravillosas que Dios ha hecho en nuestra vida. Algunos momentos catequéticos tienen lugar en salones de clase, pero la mayoría de ellos ocurren en nuestra vida diaria: hogares, parques, restaurantes, cafeterías, en línea, medios de comunicación social, el lugar de trabajo, viajando, hospitales, prisiones, y muchos otros espacios en los cuales los bautizados nos animamos a hablar de nuestra fe. Uno de los mejores momentos catequéticos que más me gustan es caminar con estudiantes—jóvenes y adultos—escuchándolos hablar con curiosidad sobre la fe. Hay algo místico en la experiencia de hablar sobre la fe mientras uno camina. Sé de catequistas a quienes les encanta catequizar mientras disfrutan de la naturaleza y los espacios abiertos con las personas que están aprendiendo sobre su fe. ¡La catequesis prácticamente puede ocurrir en cualquier parte!

Así como hay muchos espacios y circunstancias en las cuales la experiencia catequética puede ocurrir, también hay muchas clases de personas que pueden ser catequistas. Todos podemos ser catequistas. De hecho, todos los bautizados estamos llamados a ser catequistas siempre y cuando haya personas—en nuestros hogares, barrios o comunidades de fe—que necesiten aprender la fe cristiana. La necesidad de catequistas nunca terminará. Si en algún momento los católicos pensábamos que la catequesis era primordialmente la responsabilidad de los ministros ordenados o de las personas consagradas (por ejemplo, religiosas y religiosos), tal no es el caso hoy en día. Ser testigos de la belleza de la fe cristiana por medio de la catequesis es responsabilidad de todos los bautizados sin excepción alguna.

Quizás ahora nos encontramos en una mejor posición para considerar la siguiente pregunta: "¿Cómo sabe alguien si ha sido llamado o llamada a ser catequista?".

TODO COMIENZA CON EL BAUTISMO

El *Catecismo de la Iglesia Católica* afirma:

> El santo Bautismo es el fundamento de toda la vida cristiana, el pórtico de la vida en el espíritu y la puerta que abre el acceso a los otros sacramentos. Por el Bautismo somos liberados del pecado y regenerados como hijos de Dios, llegamos a ser miembros de Cristo y somos incorporados a la Iglesia y hechos partícipes de su misión: El bautismo es el sacramento del nuevo nacimiento por el agua y la palabra. (1213)

¡Es mucha la riqueza que hay en este párrafo! No hay duda de que estamos hablando de un sacramento muy importante que define de lleno nuestra vida como personas de fe. Si fuéramos a resumir lo que dice el Catecismo, podríamos hacerlo por medio de las siguientes breves afirmaciones:

- El Bautismo es un sacramento fundamental: algo nuevo ocurre allí.
- El Bautismo abre las puertas a la vida nueva en Cristo en los demás sacramentos.
- El Bautismo nos renueva y nos libera del pecado.
- El Bautismo nos hace miembros de Cristo.
- Por medio del Bautismo somos incorporados a la Iglesia y participamos en su misión.

Es fácil asumir que estamos bautizados y no vivir esta identidad conscientemente. La mayoría de los católicos fuimos bautizados durante la infancia y no recordamos este momento tan importante. Sin embargo, confiamos en el hecho de que nuestras familias hayan tomado una de las decisiones más importantes por nosotros. Con su fe católica y en comunión con el resto de la Iglesia, al bautizarnos nos recibieron en la comunidad de discípulos de Jesucristo. Nuestros familiares proclamaron la fe en nuestro nombre hasta que lo pudimos hacer por nuestra propia cuenta. Ellos nos llevaron a la parroquia para que experimentáramos lo que significa celebrar la liturgia y otros momentos de oración con otras personas bautizadas. Ellos nos formaron para actuar de cierta manera en la vida, como discípulos cristianos, para que desde temprano supiéramos lo que significa pensar, actuar y vivir como Jesucristo quiere que lo hagamos. Cuando crecimos en conciencia sobre quiénes somos, como personas y como creyentes, supimos que éramos parte de algo más grande: La familia de Dios constituida por el sacramento del Bautismo. En el caso de quienes fueron bautizados como jóvenes o como adultos, estos creyentes fueron más conscientes del proceso. Sin embargo, ellos también están llamados a ser más conscientes de lo que significa ser una persona bautizada.

El Bautismo nos confiere una identidad que no puede ser borrada. La tradición católica habla del Bautismo como un sacramento que configura al bautizado en la persona de Jesucristo, el Señor resucitado—haciéndonos creaturas nuevas; existiendo de una manera distinta—y por consiguiente confiriéndonos "un sello espiritual indeleble" (*Catecismo de la Iglesia Católica* 1272). Ni el pecado ni la decisión de vivir como si no estuviéramos bautizados puede borrar este sello indeleble. Gracias al

Bautismo pertenecemos a Dios quien nos ama infinitamente. Dios nos llama a una vida de santidad en nuestra historia presente y a ser parte de la eternidad en Dios cuando llegue el momento.

Como personas incorporadas a Cristo y configuradas en él por medio del Bautismo, recibimos la gracia necesaria para vivir como discípulos cristianos. Hemos sido consagrados. En otras palabras, ahora participamos de la misión de Jesucristo quien es Sacerdote, Profeta y Rey. El Bautismo nos da la capacidad de vivir en la historia como pueblo que ejerce el sacerdocio de Cristo cuando oramos y celebramos nuestra fe, especialmente en la liturgia. Ejercemos nuestra identidad profética a medida que cumplimos nuestra obligación de proclamar el Evangelio y de denunciar todo aquello que lo contradiga, especialmente el pecado y la injusticia. Vivimos según la realeza de Jesucristo en cuanto que caminamos por la vida sabiendo que somos herederos de las promesas de Dios y tenemos la responsabilidad de trabajar incansablemente, guiados por el Espíritu Santo, asegurándonos de que los demás puedan experimentar el Reino de Dios.

Ser bautizados exige que seamos más conscientes de nuestra identidad cristiana. Todos tenemos que hacer esto. ¡Ahora podemos entender mejor porqué toda persona bautizada es de hecho llamada a ser catequista! Los catequistas somos discípulos cristianos que vivimos nuestra identidad bautismal con un profundo sentido de intencionalidad. Es muy difícil ser un buen catequista sin primero ser una persona apasionada por su identidad bautismal. Pero no te preocupes, todos somos parte del proceso de crecer en conciencia con relación a esta identidad, incluso los catequistas más experimentados. Si crees que todavía te hace falta un poco, esta es una buena oportunidad para tomar la decisión de hacerlo.

DISCERNIMIENTO PERSONAL Y COMUNITARIO

La vida del ser humano es un continuo ejercicio de toma de decisiones. Constantemente estamos decidiendo qué hacer, a dónde ir, por qué hacemos las cosas, con quiénes consultamos, qué voces e ideas escuchamos, etcétera. Tomamos decisiones rutinarias tales como qué tipo de ropa usamos para ir a trabajar, cuánta televisión vemos a diario o qué cenamos. Tomamos decisiones fundamentales tales como qué tipo de profesión, estilo de vida o experiencia familiar queremos tener. El tomar decisiones es uno de los aspectos más importantes de nuestra existencia y debe considerarse como una habilidad o competencia. A veces las personas toman decisiones pobres en su vida y hemos de preguntarnos si estas personas las hubieran tomado de esa manera si alguien les hubiera ayudado a seguir un buen proceso de discernimiento y a tener mejor juicio en el momento de definir valores. Las personas que toman buenas decisiones pueden hacerlo mejor cada día. Cada experiencia de toma de decisiones nos ofrece una oportunidad nueva para hacerlo mejor la siguiente vez. En un ambiente ideal, deberíamos aprender estas habilidades cuando estamos jóvenes; por eso, los padres de familia, otros adultos y maestros juegan un papel importante cultivando dichas habilidades en las nuevas generaciones. A medida que vamos creciendo como personas, tenemos que seguir mejorando la capacidad de tomar decisiones, aprender de nuestros errores, imitar los buenos ejemplos y, en última instancia, ser dueños del caminar que nos lleva a la realización como personas.

Es cierto que como seres humanos tomamos muchas decisiones de manera instintiva. Instintivamente buscamos techo y descanso, consumimos alimentos que sabemos son saludables y evitamos el peligro. En este sentido, compartimos con otros seres del orden creado la capacidad de tomar decisiones instintivamente. Pero esto no es lo que hace que nuestras decisiones sean humanas. Lo que las hace humanas es el hecho de que las tomamos conscientemente usando nuestra inteligencia y nuestra voluntad, y lo hacemos ejerciendo nuestra libertad. Inteligencia, voluntad y libertad son tres dimensiones esenciales que hacen que nuestro proceso de toma de decisiones sea verdaderamente humano. Con la ayuda de nuestra inteligencia buscamos *la verdad*. Las mentiras y las falsedades no nos satisfacen. Buscamos la verdad insaciablemente. Con nuestra voluntad buscamos *el bien*. Hay muchas cosas que pueden ser parte de nuestra vida, pero sabemos que no todo es bueno y no todo nos beneficia, incluyendo muchas cosas que son permitidas y legales. San Pablo decía: "'Todo está permitido', pero no todo es conveniente" (1 Cor 10:23). Fuimos creados a imagen y semejanza de Dios, y como tal Dios nos ha dado *libertad*. La libertad es un don que tenemos que usar responsablemente.

Es un don que no se debe reducir simplemente a la capacidad de hacer lo que queremos sin restricción alguna ("libres de"), como muchas personas tienden a interpretarlo. La tradición católica habla de "libertad para". La libertad es teleológica. La palabra *telos* significa "fin" o "meta". Ejercemos nuestra libertad sabiendo que existimos con un propósito: somos libres de escoger lo que es verdadero y bueno, lo que nos realiza como seres humanos, lo que nos hace mejores y más justos, y en última instancia lo que nos acerca más a Dios. Nos realizamos como seres humanos cuando en el momento de tomar decisiones ejercemos nuestra libertad responsablemente y optamos por aquello que es verdadero y bueno.

Aunque es muy importante estar atentos a la manera como usamos nuestra inteligencia (buscando la verdad) y nuestra voluntad (buscando el bien), y cómo ejercemos nuestra libertad en el proceso de tomar decisiones, no podemos caer en la tentación de hacer esto como individuos aislados. Una buena experiencia de discernimiento involucra a otras personas. Este es quizás uno de los aspectos más importantes del proceso de discernir. Como individuos podemos llegar a conclusiones que en primera instancia pueden parecernos correctas o tener sentido. Sin embargo, como miembros de comunidades particulares tales como nuestras familias, barrios, comunidades eclesiales, amigos y grupos de interés, tenemos la oportunidad de consultar con otras personas. Los demás tienen sabiduría invaluable que nos puede enriquecer. Podemos aprender de sus buenas experiencias y de sus limitaciones. Los demás nos pueden dar consejo con relación a asuntos o dinámicas que quizás no habíamos considerado. Al interpretar una realidad en particular, necesitamos a otras personas que nos ayuden a entender su complejidad para que no terminemos tomando decisiones basadas en las limitaciones de nuestras propias perspectivas. El discernimiento con otras personas es fundamental al momento de tomar una decisión como la de servir como catequista. Escucha a otras personas y lo que tienen que decir. Escuchar a otras personas es una invitación a ser humildes y a reconocer que nos necesitamos mutuamente en el momento de tomar decisiones importantes.

Como personas bautizadas, entramos en este importante proceso de discernimiento como personas de fe que viven en relación permanente con Dios por medio de Jesucristo. Por eso, el discernimiento cristiano necesita ser un ejercicio espiritual fundamentado en la oración. Traemos a la oración los resultados de nuestro discernimiento individual y comunitario. En esa conversación con Dios, ofrecemos nuestras conclusiones al igual que nuestros interrogantes y dudas. En la oración damos gracias por la oportunidad de discernir si estamos llamados a hacer algo que quizás no habíamos considerado antes. En la oración damos gracias por sabernos llamados a vivir nuestra identidad bautismal de una manera más intencional. Cuando oramos, ponemos nuestra confianza en Dios sabiendo que escuchará nuestras oraciones y nos dará la guía necesaria, por medio del Espíritu Santo, para tomar la decisión correcta. Cuando oramos, no estamos solos. Dios está con nosotros y el saber esto nos llena de consuelo.

El reflexionar si tenemos la vocación para servir en nuestras comunidades de fe como catequistas exige que hagamos nuestras estas tres dimensiones del proceso de discernimiento: personal, comunitaria y religiosa. Hacemos lo que nos corresponde de manera individual, pero no lo hacemos solos. Somos parte de comunidades que disciernen con nosotros, y sabemos que siempre contamos con Dios, a quien encontramos en la oración.

¡Nos descubrimos discerniendo con la Iglesia y como miembros de la Iglesia! Al decir Iglesia, nos referimos a la comunidad de bautizados llamados por Dios a vivir en la historia como discípulos de Jesucristo. Siempre me ha inspirado el lema episcopal de San Óscar Romero: *Sentire cum Ecclesia*, que significa "pensar y sentir con la Iglesia". Nuestro discernimiento vocacional no ocurre en lo abstracto. Todo lo contrario, es una experiencia eclesial profunda. Estamos invitados constantemente a estar en comunión con nuestra Iglesia y a escuchar atentamente hacia dónde nos quiere llevar el Espíritu Santo. Dios nos llama a ser catequistas desde el seno de la Iglesia y nos envía de regreso a la comunidad eclesial a vivir nuestro discipulado. Cuando alguien de nuestra comunidad parroquial—una religiosa, una directora de educación religiosa, un sacerdote, un diácono, otra persona que es catequista—nos invita a considerar ser catequistas, podemos contar con la certeza de que tal es una llamada eclesial. Una de las convicciones que tenemos como católicos es que el Espíritu Santo obra activamente en toda persona bautizada. El Espíritu Santo inspira las mentes y lo corazones de los bautizados para identificar líderes, catequistas, maestros, misioneros y otras personas para que lleven a cabo la misión evangelizadora de la Iglesia. Tenemos que confiar en la acción del Espíritu Santo. Quizás te puedes preguntar: "¿Por qué yo?" o "¿Qué ven otras personas en mí para servir como catequista?". El saber que el Espíritu Santo guía a la Iglesia en la historia es un buen punto de partida para responder a estas preguntas.

TRES PREGUNTAS MUY PERSONALES

El discernir si estamos llamados a ser catequistas es una pregunta profundamente vocacional. Es una pregunta muy importante para la vida de la Iglesia. El término vocación se deriva del verbo *vocare,* en latín, que significa "llamar". Como hemos visto hasta ahora, sabemos que Dios es quien nos llama. Sin embargo, Dios nos llama por medio de la comunidad eclesial, guiada por el Espíritu Santo. Dios también nos puede llamar por medio de las experiencias de la vida. Recordemos el ejemplo de san Ignacio de Loyola, quien fue un soldado español herido en una batalla. A medida que se recuperaba, reconsideró el propósito de su vida y tomó la decisión de ser un soldado para Cristo. Sabemos que nuestra primera llamada en la historia como seres humanos es a ser discípulos de Jesucristo por medio del Bautismo. Por consiguiente, la llamada a ser catequista es una vocación dentro de una vocación más grande: primero llamados a ser discípulos, luego llamados a vivir nuestro Bautismo como catequistas. Como bautizados, nos encontramos en un proceso constante de discernimiento: "¿Me llama Dios a ser una persona casada?", "¿Me llama Dios a ser un sacerdote o una persona consagrada?", "¿Es mi llamado a una profesión en particular?" y "¿Es mi llamado a cambiar de rumbo y servir a los demás de una manera distinta, quizás yendo a otra parte del país o del mundo?". ¡Todas estas son preguntas enormes! Sin embargo, nuestro punto de partida es la convicción de que somos bautizados. No importa lo que decidamos, sabemos que lo haremos como discípulos de Jesucristo que somos bautizados.

En su experiencia acompañando a jóvenes universitarios y ayudándoles a discernir la dirección de su vida, el padre Michael Himes, quien enseñó por muchos años en Boston College, una universidad jesuita en

Nueva Inglaterra, fue muy conocido por haber articulado tres preguntas que creo vale la pena resaltar en esta reflexión. Las preguntas tienen raíces profundas en lo mejor de la espiritualidad ignaciana. El padre Himes invitaba a sus estudiantes—y a cualquier otra persona tomando decisiones vocacionales—a considerar las siguientes tres preguntas: (1) ¿Qué te trae alegría? (2) ¿Para qué eres bueno(a)? y (3) ¿Quién necesita el mundo que seas?

Cuando tenemos que tomar una decisión vocacional o estamos considerando una invitación a hacer algo que puede cambiar nuestra vida, como la posibilidad de ser catequistas, es apropiado preguntarnos, *¿Qué te trae alegría?* Desde una perspectiva de espiritualidad ignaciana, se nos invita a tomar el tiempo para considerar los aspectos del discernimiento que nos traen consolación y los que nos traen desolación. Imaginándonos en una circunstancia específica, es importante que nos preguntemos: ¿Soy feliz? ¿Me siento triste? ¿Siento entusiasmo? ¿Creo que seré miserable? Compartir la fe como catequistas debe traer alegría a nuestra vida. Es normal sentirse nervioso o un tanto inseguro al preguntarnos si lo haremos bien. Todos aprendemos a ser buenos catequistas a medida que servimos. Siempre tendremos personas que nos orienten y nos apoyen.

Luego viene la segunda pregunta: *¿Para qué eres bueno(a)?* Todos tenemos nuestras fortalezas y limitaciones. Una señal clara de madurez es saber qué es lo que hacemos bien. Algunos de nosotros somos buenos trabajando con niños, otros cantando o tocando un instrumento musical, otros organizando cosas, y así sucesivamente. Hay muchas personas con bastantes dones que pueden hacer todo esto y mucho más. Todos tenemos ciertas habilidades y predisposiciones que nos permiten ser buenos para algo. Como catequistas, lo mínimo que necesitamos es estar dispuestos a hablar con confianza sobre nuestra propia fe con otras personas y estar abiertos a pasar un tiempo con un grupo de personas motivándoles a amar su fe. Para algunos catequistas será un grupo de niños; para otros un grupo de jóvenes; y para otros un grupo de adultos. Algunos catequistas tienen la habilidad y la dedicación para trabajar con personas con discapacidades. Algunos son bilingües o multilingües, y son muy buenos trabajando en contextos donde hay inmigrantes. Es posible que no seas una persona experta en educación o que sepas todo lo que hay que saber sobre el cristianismo, pero debes tener al menos la disposición de crecer en estas áreas mientras que compartes tus propios dones.

Ahora la tercera y última pregunta que nos propone el padre Himes: *¿Quién necesita el mundo que seas?* En un contexto más eclesial, la pregunta sería: "Quién necesita la Iglesia que seas?". Substituye la palabra "Iglesia" por parroquia, grupo de oración, movimiento apostólico, colegio, organización o algo similar. La pregunta asume que somos la Iglesia y que, como personas bautizadas, somos responsables de la misión evangelizadora de la Iglesia. La Iglesia—el Pueblo de Dios—necesita que seamos apasionados y llenos de entusiasmo al compartir la Buena Nueva como un ejercicio de identidad bautismal. La Iglesia necesita que no dudemos en ningún momento ser testigos del amor de Dios, especialmente testigos de Jesucristo y de las cosas maravillosas que Dios ha hecho por nosotros. La Iglesia necesita que le hagamos eco a lo mejor de la tradición cristiana para que las siguientes generaciones la reciban. Cuando estas necesidades son nombradas, no podemos hacer caso omiso a ellas y mirar para otro lado a ver si alguien más va a responder. La invitación es para nosotros.

Es posible que alguna vez hayas escuchado una versión de las siguientes palabras que con frecuencia se atribuyen a santa Teresa de Ávila, Doctora de la Iglesia. No hay evidencia de que ella las dijo; sin embargo, son palabras inspiradoras: "Cristo no tiene manos; solo tiene nuestras manos para cambiar el mundo actual. Cristo no tiene pies; solo tiene nuestros pies para llevar al mundo hacia él. Cristo no tiene labios; solo tiene nuestros labios para hablar a la humanidad". ¡Palabras hermosas! Las comunidades de fe siempre están necesitando catequistas y otros evangelizadores que sean las manos, los pies y los labios de Cristo para llegar a otras personas. Esas palabras ofrecen una buena perspectiva para apreciar mejor la conversación entre Dios y el profeta Isaías: "Yo oí la voz del Señor que decía: '¿A quién enviaré y quién irá por nosotros?' Yo respondí: '¡Aquí estoy: envíame!'" (Isa 6:8).

¿QUÉ CLASE DE CATEQUISTA?

A la luz de nuestra reflexión hasta el momento, es momento de preguntarnos: "¿Qué clase de catequista necesita mi comunidad que yo sea?".

La respuesta a la pregunta comienza en la oración y en conversación con los líderes de la comunidad para determinar las necesidades. Cualquier respuesta que ofrezcas exigirá también evaluar tus fortalezas, dones y aquello que más te llena de alegría.

En toda comunidad de fe existe una necesidad urgente de compartir la fe con personas de todas las edades. No podemos reducir la catequesis solo a la preparación sacramental de niños o de personas en el proceso de iniciación cristiana, aunque este tipo de catequesis es esencial en la vida de la Iglesia. Necesitamos ver la catequesis de una manera más harmónica, y para ello podemos pensar en los distintos momentos del ciclo vital: infancia, adolescencia, juventud, adultez y vejez. Necesitamos catequistas dispuestos y capaces de compartir la fe con otras personas en cada uno de estos momentos del ciclo vital.

Como ser humanos que trasegamos por el camino de la vida, constantemente consideramos interrogantes fundamentales como los siguientes: ¿Quién soy? ¿Cuál es el propósito de mi vida? ¿Con quién he de relacionarme? ¿Cómo enfrento las realidades del sufrimiento y el dolor? ¿Qué me da esperanza? ¿Cómo me preparo para los cambios? ¿Cuál es mi relación con Dios? Los cristianos estamos invitados a considerar estos interrogantes en diálogo con el Evangelio y con la riqueza de nuestra tradición de fe. Aunque como seres humanos, jóvenes y mayores, solteros o casados, establecidos o menos establecidos, por lo general tenemos estos interrogantes en común. Cómo reflexionamos sobre ellos varía según las circunstancias de nuestra vida. Una persona adolescente y una adulta pueden preguntarse: "¿Qué me da esperanza?". Las respuestas que cada una dé a este interrogante seguramente serán definidas por el contexto en el que viven, los cambios que están ocurriendo en su vida, qué tan libres se sienten y con quiénes se relacionan.

¡Es por esa razón que necesitamos catequistas! Para acompañar a personas de todas las edades a medida que van por la vida respondiendo a estos interrogantes en conversación con el Evangelio. Necesitamos catequistas que faciliten el encuentro de otras personas con Jesús, una y otra vez, para que crezcan en su identidad como discípulos cristianos. El Espíritu Santo te guiará al momento de determinar qué clase de catequista Dios te llama a ser. Déjate sorprender.

2

El catequista como evangelizador

La catequesis es una actividad profundamente eclesial guiada por el Espíritu Santo. ¡Todos los catequistas somos agentes evangelizadores! Catequizar consiste en llevar a cabo la misión evangelizadora de la Iglesia en aquellos lugares en donde vivimos, con aquellas personas con quienes caminamos, con nuestras familias y conocidos. Ser un catequista es ser un evangelizador. Es una gran responsabilidad. Escuchamos el término *evangelización* en muchas partes y contextos, y prácticamente en casi todo documento y conversación sobre la vida de la Iglesia, pero todavía hay muchos católicos que no lo entienden propiamente. Esta situación puede ser el resultado de muchos siglos asumiendo que la evangelización es primordialmente una tarea de sacerdotes y obispos, mujeres y hombres consagrados, misioneros y maestros especializados. Se asumía que estos líderes eclesiales eran "los evangelizadores" y el resto de los miembros de la comunidad eclesial jugaban el papel de observadores o personas que apoyaban esa labor. Otros católicos tienen una actitud de sospecha con relación al término *evangelización*, asumiendo que compartir nuestras convicciones de fe públicamente es algo que los católicos no hacemos.

El Concilio Vaticano II nos ayudó a corregir esta visión limitada de lo que significa ser un evangelizador y nos recordó que toda persona bautizada tiene la responsabilidad de proclamar y ser testigo del Evangelio.

Si tú eres una persona bautizada; por lo tanto, eres evangelizador(a) y responsable de avanzar la misión evangelizadora de la Iglesia.

Como ocurre con todo esfuerzo evangelizador, la catequesis es una participación en el ministerio de la Palabra. Según el nuevo *Directorio para la Catequesis* (2020):

> En cuanto realidad dinámica y compleja al servicio de la Palabra de Dios, la catequesis acompaña, educa y forma en la fe y para la fe, introduce en la celebración del Misterio, ilumina e interpreta la vida y la historia humana.
>
> Integrando armoniosamente estas características, la catequesis expresa la riqueza de su esencia y ofrece su aporte específico a la misión pastoral de la Iglesia. (n. 55)

Ser catequista es ser un testigo de Jesucristo y su Palabra. Como tal, el catequista es un evangelizador.

CATEQUESIS Y EVANGELIZACIÓN

No se puede entender la catequesis fuera de la experiencia evangelizadora de la Iglesia. En 1975, el Papa Pablo VI escribió que la Iglesia "existe para evangelizar" (*Evangelii Nuntiandi* 14). Estas palabras hacen eco a una convicción que ha sido parte de las comunidades cristianas desde los primeros siglos. De hecho, la misión de la Iglesia es la misma misión de Jesucristo: revelar el amor infinito de Dios hacia la humanidad y mostrarnos el camino a la salvación. Jesús mismo es la máxima revelación de Dios, el camino al Padre y la fuente de nuestra salvación. La Iglesia existe en la historia primordialmente para continuar esa misión y acercar a mujeres y hombres en toda época y toda cultura más de lleno a Jesucristo.

Evangelizar es un proceso. En otras palabras, cuando la Iglesia se dispone a anunciar la Buena Nueva de Jesucristo, lo hace de una manera organizada e intencional. La Iglesia sabe dónde puede comenzar cuando sale a evangelizar, qué hacer cuando las personas abren sus corazones a la Palabra de Dios y a la persona de Jesucristo, y en última instancia anticipar lo que puede esperar a la luz del esfuerzo evangelizador. El proceso evangelizador está íntimamente ligado al encuentro con el Dios de la revelación en Jesucristo, pero es un proceso en última instancia tiene que ver con nosotros como seres humanos en el caminar de nuestra vida. El *Directorio para la Catequesis* nos recuerda que la "evangelización tiene como fin último la plenitud de la vida humana" (30). ¿Quién no quiere ser feliz? ¿Quién no quiere realizarse como persona? Dios sabe que buscamos la felicidad y la realización en esta vida. Dios nos hizo con ese anhelo. La evangelización busca responder a este deseo profundo. Esto nos recuerda las palabras de san Agustín en su sermón 169: "[Dios,] quien te hizo sin ti, no te justifica sin ti". Evangelizar consiste en recordarle al mundo que Dios, quien nos hizo y nos ama infinitamente, es parte esencial de nuestra vida desde el principio hasta al final.

El proceso evangelizador es organizado. Varios documentos de la Iglesia nombran momentos específicos que son parte de dicho proceso. Según el *Directorio para la Catequesis* (31), cuando evangeliza, la Iglesia:

- es impulsada por la caridad, entrando en relación con todas las culturas para renovarlas desde dentro;
- da *testimonio* de vida nueva en Cristo para que otros vean las maravillas que Dios ha hecho;
- proclama el *primer anuncio* del Evangelio y llama a la *conversión*;
- *discierne* el tesoro de la fe con quienes están interesados en aprender más sobre él;
- guía a las personas en el itinerario catecumenal, o el proceso de *iniciación cristiana*, por medio de un encuentro con los sacramentos;
- sostiene a los bautizados mediante una *educación permanente* para crecer en la fe y en el conocimiento de Dios.

¿En qué momento hemos de considerar la catequesis en este proceso? ¡En todos! Sí, cada momento del proceso evangelizador exige una experiencia catequética. Hay momentos en que la catequesis es más intensa que en otros. La primera proclamación del Evangelio depende de una catequesis sólida, apasionada y clara. Una vez que las personas han escuchado la primera proclamación, querrán aprender más sobre la tradición cristiana, entenderla y hacerla parte de su vida. Aquí necesitamos catequistas que estén preparados para responder a sus interrogantes y a guiarlos de camino a una firme apreciación de la fe que han recibido. El proceso de iniciación cristiana exige una catequesis más enfocada, usualmente explorando los aspectos fundamentales de nuestra tradición de fe. Esta es una catequesis que por lo general se centra en el Credo, los sacramentos y la vida de oración, preparando a las personas para recibir el Bautismo, la Confirmación y la Eucaristía. Una vez que los cristianos han recibido los sacramentos de iniciación, surge una gran necesidad de catequesis permanente que sostenga la vida de fe en todo momento.

No hay momento en el proceso de evangelización que pueda concebirse sin catequesis. Por esa razón, toda forma de catequesis debe entenderse como evangelizadora. Los catequistas siempre estamos al servicio de la misión evangelizadora de la Iglesia. Cuando compartimos la fe por medio de la catequesis, avanzamos la misión de Jesús.

Una catequesis verdaderamente evangelizadora es una catequesis que lleva a la comunión con Jesucristo:

> La comunión con Cristo es el centro de la vida cristiana y, en consecuencia, el centro de la acción catequística. La catequesis está orientada a formar personas que conozcan cada vez más a Jesucristo y su Evangelio de salvación liberadora, que vivan un encuentro profundo con Él y que elijan su estilo de vida y sus mismos sentimientos (cf. Flp 2:5), comprometiéndose a llevar a cabo, en las situaciones históricas en las que viven, la misión de Cristo, es decir, el anuncio del Reino de Dios. (*Directorio para la Catequesis* 75)

El centro y meta de toda experiencia catequética es Jesucristo. El resto fluye de allí. Todo lo que hacemos cuando catequizamos siempre tiene que llevar a un encuentro con Jesucristo, el Señor resucitado. Si alguna vez queremos evaluar qué tan bien estamos catequizando, podemos preguntar: "¿Están las personas con las que comparto mi fe en la catequesis creciendo en su amor por Jesucristo?" y "¿Quieren estas personas saber más sobre Jesús, seguir sus pasos y vivir en comunión con él?". Si la respuesta a estas preguntas es sí, o al menos hay una indicación de que las personas que catequizamos se están moviendo en esta dirección, entonces lo estamos haciendo bien. Algunas veces los catequistas dedicamos mucho tiempo y energía a enfatizar normas morales, ritos, conceptos doctrinales o nuestras propias ideas sobre lo que significa ser un buen cristiano. Es importante asegurarnos de que estas preocupaciones no nos distraigan de la meta más importante de la catequesis: facilitar un encuentro con Jesucristo. Si tal es el caso, entonces hay que hacer ajustes. Las normas morales, los ritos, los conceptos doctrinales o las opiniones sobre lo que significa ser un buen cristiano siempre deben llevar a una relación vivificante con Jesucristo. Al mismo tiempo, desde una perspectiva cristiana, el valor y sentido de esas realidades fluye de nuestra relación con el Señor.

Muchos documentos eclesiales recientes hablan de la "Nueva Evangelización". Esta es una invitación renovada a ser evangelizadores en un mundo cambiante en donde muchas personas cuestionan la idea de Dios o tiene actitudes negativas hacia la religión. De manera especial, la Nueva Evangelización es una invitación a entrar en relación—con nuevo ardor, nuevos métodos y nuevas expresiones—con los muchos católicos que por alguna razón no están practicando su fe o tienen dificultad para vivir según sus raíces espirituales. Necesitamos catequistas que ayuden a quienes ya han son bautizados a enamorarse de nuevo de Dios.

EL ARTE DE DAR TESTIMONIO DE LA FE

A veces como catequistas nos preocupamos más de la cuenta por lo que vamos a decir o cómo lo decimos. Algunas veces podemos pensar que para conducir a otras personas a Jesucristo tenemos que usar argumentos sofisticados en un lenguaje altamente especializado. Otras veces podemos pensar que hemos de entrar en la experiencia catequética en actitud defensiva, usando métodos "apologéticos" (*apologética*: defensa de la fe), con el objetivo de identificar errores y corregirlos. Hay momentos en los cuales hacer estas cosas tiene sentido. También hay que reconocer que no siempre estamos lo suficientemente preparados para ello. La mayoría de las personas que encontramos en la experiencia catequética no están preparadas para entender lenguaje y argumentos sofisticados sobre religión. Tampoco debemos asumir que cuando alguien expresa dudas o tiene limitaciones en cuanto ciertas convicciones, esta persona está atacando nuestra fe.

La catequesis comienza de una manera más sencilla y humilde: con *el testimonio*. Más que enseñar, aclarar o argumentar, la catequesis es un ejercicio de dar testimonio de lo que Dios ha hecho en nuestra vida y de nuestra decisión de ser discípulos de Jesucristo. El catequista es un testigo de la fe. Por consiguiente, todos los catequistas necesitamos cultivar el arte de dar testimonio.

Como testigos, los catequistas somos expertos anunciando el kerygma. Esta palabra griega significa "primera proclamación" o "proclamación fundamental". Es allí en donde toda catequesis comienza. El *Directorio para la Catequesis* habla de una *catequesis kerygmática* (véase 57–60). El contenido esencial del kerygma es claro: "Jesús es el Señor". Así de sencillo. Toda experiencia catequética debe comenzar y terminar allí. Con este anuncio fue como los primeros cristianos comenzaron a formar comunidades. Es la verdad más fundamental que un sinnúmero de evangelizadores y catequistas han compartido de generación en generación en el trascurso de la historia. Cualquier actividad catequética con niños, jóvenes o adultos tiene que comenzar con la proclamación firme de que Jesucristo es el Hijo de Dios, nuestro Salvador. El objetivo más importante de cualquier experiencia catequética es guiar a otras personas a entrar en relación con Jesucristo, el salvador de la humanidad. El Papa Francisco de una manera hermosa nos dice que una catequesis kerygmática debe ser una catequesis

> que exprese el amor salvífico de Dios previo a la obligación moral y religiosa, que no imponga la verdad y que apele a la libertad, que posea unas notas de alegría, estímulo, vitalidad, y una integralidad armoniosa que no reduzca la predicación a unas pocas doctrinas a veces más filosóficas que evangélicas. Esto exige al evangelizador ciertas actitudes que ayudan a acoger mejor el anuncio: cercanía, apertura al diálogo, paciencia, acogida cordial que no condena. (*La Alegría del Evangelio* 165)

El dar testimonio de que Jesucristo es nuestro Señor y Salvador tiene que ocurrir en todo momento y en todo lugar. Este es exactamente el consejo que san Pablo dio al joven Timoteo: "proclama la Palabra de Dios, insiste con ocasión o sin ella" (2 Tim 4:2). No tenemos que esperar hasta encontrarnos formalmente en una sesión catequética o estar en un salón de clase o una iglesia. Cada lugar y cada momento en el que nos encontramos nos ofrece una oportunidad para dar testimonio de lo que creemos como catequistas. Estamos llamados a ser testigos de la fe en *lo cotidiano* de nuestro existir. El hogar, la calle, el campo deportivo, el parque, el restaurante, la oficina, el hospital, la prisión, el centro comercial, el internet, los medios de comunicación social, entre muchos otros contextos, son espacios en donde los catequistas podemos proclamar el kerygma: "Jesús es el Señor" (1 Cor 12:3); "ya no vivo yo, sino que Cristo vive en mí: la vida que sigo viviendo en la carne, la vivo en la fe en el Hijo de Dios, que me amó y se entregó por mí" (Gal 2:20). La Iglesia necesita catequistas que estén dispuestos a ser testigos de Jesucristo en la vida diaria.

El arte de dar testimonio de la fe tiene que nutrirse con la ayuda de una vida profunda de oración. Es difícil imaginar a un catequista, o cualquier otra persona dedicada a la evangelización, que hable de Jesús como el Señor, que enseñe sobre su vida y dedique grandes cantidades de tiempo a explicar el mensaje de su resurrección a otras personas sin entrar en conversación con el mismo Jesús por medio de la oración. Me fascinan las palabras del apóstol Pablo hablando del amor: "Aunque yo hablara todas las lenguas de los hombres y de los ángeles, si no tengo amor, soy como una campana que resuena o un platillo que retiñe. Aunque tuviera el don de la profecía y conociera todos los misterios y toda la ciencia...si no tengo amor, no soy nada" (1 Cor 13:1–2). Leamos esos mismos versos una vez más y reemplacemos las palabras "si no tengo amor" con "si no hago oración". Esto nos ayudará a entender mejor porqué tenemos que ser personas de oración.

La oración le da sentido a la vida y a la espiritualidad del catequista. Tanto la oración personal como la oración comunitaria son importantes. En la oración cultivamos la disposición a abrir nuestros corazones y nuestras mentes al Espíritu Santo. Es el Espíritu Santo que mueve nuestros corazones para llamar "Padre" a Dios (Rom 8:15); "nadie puede decir: 'Jesús es el Señor', si no está impulsado por el Espíritu Santo" (1 Cor 12:3). Cuando un catequista proclama que Jesús es el Señor, estas no son—y no pueden ser—palabras vacías. Tienen que ser palabras que fluyen de una vida de oración, proclamadas con la fuerza, alegría y convicción de alguien que es guiado por el Espíritu Santo.

Una vida de oración como católicos se sostiene regularmente con la gracia que recibimos por medio de los sacramentos. Los catequistas dedicamos bastante tiempo a preparar a las personas para que entiendan y reciban los sacramentos. Después de recibirlos, los acompañamos el resto de su vida por medio de una catequesis permanente para explorar lo que significa vivir sacramentalmente en distintos momentos de su historia personal. ¡Pero no podemos hablar con credibilidad sobre la vida sacramental si nuestra propia existencia no se nutre también de los sacramentos! Como mínimo, los catequistas debemos ser personas completamente iniciadas en la fe cristiana que celebramos con frecuencia y recibimos la Eucaristía mientras que buscamos periódicamente la reconciliación sacramental. Si queremos que las vidas de nuestros hermanos y hermanas en nuestras comunidades de fe sean sostenidas por la belleza y riqueza de la vida sacramental, los catequistas tenemos que mostrar cómo hacerlo. Somos testigos de lo que hemos experimentado; los demás aprenden de nuestro testimonio.

PALABRAS Y ACCIONES

Lo que decimos como catequistas es tan importante como lo que hacemos. Desde esta perspectiva, el catequista es un evangelizador que acepta la responsabilidad de ser un testigo público. Dicha dimensión pública de la vida del catequista contradice la idea popular en muchas partes de nuestra sociedad de que la religión es un asunto exclusivamente privado. Muchas personas asumen, errónea o inocentemente, que la manera como una persona vive su existencia de fe es un asunto separado de cómo esa misma persona vive el resto de su vida; que lo que pasa en la iglesia el domingo es una cosa, y cómo uno lleva su vida y sus relaciones el resto de la semana es otra. ¿Es esto posible? No estoy seguro, pero el número de personas que tratan de vivir de esta manera parece ser significativamente alto. El Concilio Vaticano II habló de esta perspectiva como un error serio: "El divorcio entre la fe y la vida diaria de muchos debe ser considerado como uno de los más graves errores de nuestra época" (*Gaudium et Spes* 43).

La vida y el testimonio del catequista en la comunidad de fe sirve de muchas maneras como antídoto para contrarrestar la idea de que la fe y la vida deben ir por caminos separados. El catequista con su testimonio modela el hecho de que una vida bien vivida es una vida que permite que la belleza y la riqueza de la fe cristiana la inspire. Al mismo tiempo, el catequista da testimonio de que la fe que profesa y practica no está desconectada de su vida diaria. El catequista es una persona de carne y hueso cuya existencia está marcada por altibajos, esperanzas y ansiedades, dudas e interrogantes, fortalezas y limitaciones. Consciente de ello, el catequista es una persona de fe que confía en la llamada de Dios y la acción del Espíritu Santo en su vida. La fe y la vida diaria van de la mano. En el contexto de la comunidad de fe, la mejor catequesis ocurre cuando los creyentes ven al catequista, y a otros evangelizadores, modelar dicha relación. Un catequista, o cualquier persona considerando servir como tal, pudiera concluir que dar este tipo de testimonio es una gran carga. ¡Pero no lo es! En verdad, es lo mínimo que debemos hacer como discípulos de Jesucristo a la luz de nuestra identidad como bautizados. Más que una carga, la vida de un catequista que balancea la relación entre fe y vida es una corrección de aquel error serio mencionado anteriormente y un don para toda la Iglesia. ¿Es esto demasiado para una persona? No estamos solos. Dios camina con nosotros; el Espíritu Santo guía nuestros pasos.

Nuestras palabras y acciones juntas revelan quiénes somos. Hablamos de lo que hay en lo más profundo de nuestro ser. Compartimos con otras personas aquello que consideramos de gran valor. Cuando actuamos, compartimos con el mundo que tenemos ciertas convicciones que guían la manera como conducimos nuestra vida y revelan algo sobre nuestra identidad. Esto ocurre como parte de la rutina de nuestra existencia diaria. Hacemos esto, por ejemplo, cuando decidimos no usar malas palabras como parte de nuestro vocabulario o expresiones que reflejen prejuicios raciales o culturales. Lo hacemos cuando nos vestimos de una manera especial para demostrar respeto hacia un grupo de personas o reconocer la santidad de un lugar. Lo hacemos en momentos particulares cuando damos testimonio público de nuestra fe, como en el caso de las palabras que escogemos para dirigir un momento de oración o cuando nos unimos a un movimiento de protesta abogando por causas importantes como el respeto por la vida, reducir el hambre en el mundo o promover instancias de justicia en favor de los inmigrantes y los refugiados.

¡Así como nuestras palabras y acciones revelan mucho sobre nosotros, sabemos que esa también es la manera como Dios se hace presente en nuestra historia y nuestra realidad! Dios nos muestra cómo ser buenos catequistas. El Concilio Vaticano II nos recuerda que es por medio de palabras y acciones que Dios se ha manifestado a la humanidad como "el único Dios verdadero y vivo" (*Dei Verbum* 14). A medida que Dios comparte su revelación divina en la historia, la humanidad descubre las maravillas de Dios: la creación, la llamada de un pueblo, la historia del pueblo de Israel, el plan divino, los profetas y de manera especial la persona de Jesucristo. Dios ha hablado y actuado de muchas maneras compartiendo la intimidad de su divinidad. Por medio de palabras y acciones Dios nos revela quién es y lo que quiere que sepamos. Mucho de lo que decimos sobre Dios es el resultado de esta catequesis divina.

La vida del mismo Jesús fue una catequesis completamente mediada por palabras y acciones. Desde el momento de la encarnación, cuando María concibe a Jesús, sabemos que Dios nos quiere comunicar algo supremamente importante: Dios decide asumir la totalidad de nuestra condición humana para que tengamos una vida plena. Los milagros que Jesús hizo fueron verdaderas expresiones del amor de Dios por su pueblo, un amor capaz de alterar las mismas leyes de la naturaleza. Las palabras de Jesús, las cuales siguen guiando nuestra vida como discípulos, revelan lo que significa experimentar el Reino de Dios aquí y ahora, un reino al cual todos—sin excepción alguna—estamos invitados a participar. Las parábolas que Jesús nos compartió están llenas de verdades profundas en un lenguaje accesible que cualquier persona puede entender. Son historias que tocan la vida de todos aquellos que las escuchan. Jesús fue un catequista fenomenal:

> Jesucristo, pues, el Verbo hecho carne, "hombre enviado, a los hombres", "habla palabras de Dios" y lleva a cabo la obra de la salvación que el Padre le confió. Por tanto, Jesucristo—ver al cual es ver al Padre—, con su total presencia y manifestación personal, con palabras y obras, señales y milagros, y, sobre todo, con su muerte y resurrección gloriosa de entre los muertos; finalmente, con el envío del Espíritu de verdad, completa la revelación y confirma con el testimonio divino que vive en Dios con nosotros para librarnos de las tinieblas del pecado y de la muerte y resucitarnos a la vida eterna. (Vaticano II, *Dei Verbum* 4)

En esta magnífica efusión de palabras y acciones encontramos destellos de lo que en la tradición católica conocemos como "la pedagogía divina". Cuando hablamos de pedagogía divina, hacemos referencia a la manera como Dios habla a la humanidad en la historia para compartir con nosotros quién es y el mensaje que quiere que hagamos nuestro. Esta pedagogía divina tiene varias características que nos pueden enseñar a ser buenos catequistas. Resaltemos cuatro de ellas.

Primero, *Dios enseña con amor divino.* El amor tiene que ser la motivación principal de nuestro compromiso catequético. Compartimos la fe porque amamos a Dios y queremos que otras personas conozcan más sobre Dios. Queremos que los demás experimenten lo que significa amar a Jesús, enamorarse de su persona y de su palabra, y vivir en una relación de amor con él. Compartimos la fe con las demás personas porque las amamos con amor divino, es decir, con el amor del mismo Dios. Jesús nos enseña cómo hacerlo: "Al desembarcar, Jesús vio una gran muchedumbre y se compadeció de ella, porque eran como ovejas sin pastor, y estuvo enseñándoles largo rato" (Marcos 6:34).

Segundo, *Dios ajusta su mensaje para ser entendido según la capacidad y necesidades de la humanidad.* Dios ha hablado y sigue hablando a personas de toda cultura y condición en distintos momentos de la historia. Cuando catequizamos, no podemos asumir que toda persona que encontramos aprende de la misma manera o que solo existe una manera determinada de relacionarse con Dios. Tenemos que presentar el mensaje de fe sabiendo que "lo que se recibe es recibido según el modo de ser de aquel que recibe", como insistía Santo Tomás de Aquino. Los niños aprenden como niños; los jóvenes aprenden como jóvenes; los adultos aprendemos como adultos. Algunos niños y jóvenes son quizás más curiosos que los adultos. Algunos adultos se acercan a la fe con la perspectiva de un niño. Algunas personas tienen discapacidades intelectuales que exigen una interacción especial. Algunos inmigrantes en sus países de origen aprendieron sobre su fe en experiencias distintas, por medio de una catequesis que no necesariamente es como la que impartimos en los Estados Unidos. Toda persona con sus distintas particularidades y experiencias es bienvenida a la catequesis. Lo que debemos recordar es que Dios quiere que toda persona, sin excepción alguna, tenga un encuentro con Jesucristo y su Evangelio. Por eso, necesitamos buscar maneras de reconocer las diferencias que nos identifican y ajustar nuestra pedagogía respectivamente como Dios lo haría.

Tercero, *Dios enseña con paciencia, consciente de que profundizar sobre los grandes misterios toma tiempo*. Dios no reveló a la humanidad todo lo que hay que saber sobre el misterio de la salvación en un solo instante. Dios ha caminado con nosotros por siglos. Aunque sabemos que en Jesucristo tenemos todo lo necesario para participar de la salvación divina, tanto en la historia como en la eternidad, Dios sabe bien que no podemos entender estas realidades en unos cuantos días, o unas cuántas reuniones catequéticas, o incluso después de muchos años de estudio. Dios es paciente. He ahí la importancia de reconocer el papel de una Iglesia que camina con los creyentes a medida que crecen en su manera de entender la fe. Los catequistas tenemos que ser pacientes y generosos. Nuestro papel es acercar a los demás a Dios, plantando semillas y confiando en que el Espíritu Santo hará lo suyo en los corazones de las personas que encontramos. Nuestra tarea no es "hacer cristianos" por medio de un programa o unas cuantas reuniones. Tampoco es formar discípulos perfectos en unos cuantos días. Nuestra tarea es primordialmente introducir a los demás a Jesucristo, anunciarles que él es el Señor y acompañarlos en su caminar discipular el resto de su vida. Seamos pacientes como Dios es paciente.

Cuarto, *Dios enseña para constituir un pueblo*. Dios nos llama a ser comunidad. La Iglesia es la comunidad de quienes hemos aceptado la invitación a seguir a Jesucristo y su Evangelio. Todo lo que Dios enseña nos fortalece como comunidad de fe. Todas las experiencias catequéticas en nuestras comunidades de fe deben buscar la construcción y el fortalecimiento de la Iglesia en sus distintas expresiones: la parroquia, la diócesis, el colegio, el movimiento eclesial, la pequeña comunidad de fe, etcétera.

La pedagogía divina es, por consiguiente, inspiración para nosotros como catequistas y la manera como compartimos la fe. Seguimos los pasos de Dios, quien ha catequizado a la humanidad en la historia, y de Jesucristo, el catequista por excelencia.

Hay muchas maneras de enseñar catequesis:

- Podemos leer algunas páginas de un libro u ofrecer una clase tradicional esperando que quienes escuchan retengan mientras toman notas. Este era el método estándar en muchos contextos de catequesis en el pasado, y todavía hay muchos maestros y catequistas que lo usan. El método hace énfasis en el contenido; el catequista es por lo general el centro de atención. Quienes aprenden usualmente asumen un papel pasivo.
- Otros catequistas usan una pedagogía de carácter más conversacional. Quienes participan de la experiencia de aprendizaje discuten un tema como iguales. Cada persona participa ofreciendo opiniones basadas en su conocimiento, haciendo preguntas, compartiendo historias y haciendo conexiones entre el contenido presentado y sus propias vidas. Este método es mucho más participativo y ciertamente más común en nuestros días. El papel del catequista es ante todo el de un facilitador, aprendiendo en diálogo con las personas con las que se encuentra.
- A medida que nuestro mundo contemporáneo se hace más adepto al uso de la tecnología y los medios electrónicos, cada vez son más los catequistas que exploran pedagogías que hacen uso de recursos audiovisuales, imágenes, páginas electrónicas y medios de comunicación social. Quienes son catequizados participan en experiencias interactivas. La tecnología nos permite explorar con creatividad herramientas pedagógicas que invitan el uso de todos

> los sentidos y responden a las muchas maneras como la gente aprende. En estos nuevos espacios, a los cuales los más jóvenes entran como nativos digitales, el catequista sirve como un navegador, proveyendo coordenadas y determinando direcciones.

Cuando catequizamos, podemos escoger cualquiera de estas posibilidades pedagógicas o una mezcla de ellas. Lo importante tener en cuenta dos cosas. Primero, los catequistas somos testigos públicos de la fe que constantemente enseñamos con nuestras palabras y acciones. Segundo, compartimos la fe inspirados por la pedagogía divina, de la cual Jesús en los Evangelios es el gran modelo.

TESTIGO DE LA TRASCENDENCIA EN UN MUNDO CADA VEZ MÁS SECULARIZADO

La llamada a ser catequistas en el mundo actual exige confrontar el hecho de que muchas personas no ven la religión como una alternativa en su vida. Europa comenzó el siglo XX como un continente primordialmente cristiano, en gran parte católico, y cien años después muchos se refieren a esta región del mundo como un espacio poscristiano e incluso posreligioso. ¿Qué ocurrió? Los expertos hablan de *secularización*, es decir, de aquel fenómeno sociocultural que describe a las muchas personas que han abandonado la religión organizada. Entre ellas, muchas han dejado de creer en Dios o de tener un referente religioso en su vida. La secularización no siempre es un fenómeno opuesto a la religión, aunque hay algunas versiones hostiles hacia todo lo que sea religioso, incluyendo iglesias y líderes espirituales. La secularización busca darle sentido a la vida de las personas y establecer valores sin referencia a Dios. Los Estados Unidos de América se ha mantenido como una nación cristiana dentro de la cual el catolicismo es actualmente la denominación más grande. Sin embargo, entre la última década de siglo XX y las primeras dos del siglo XXI, la nación vio incrementar el porcentaje de personas que no se identifican con religión alguna de un 6 por ciento a cerca de un 25 por ciento. La mayoría de ellas son jóvenes. En unas pocas décadas, la mayoría de las personas viviendo en los Estados Unidos posiblemente no se identificarán con alguna tradición religiosa, millones de ellas adoptando el secularismo como forma de vida. No hace mucho la mayoría de las sociedades occidentales veían en la religión una fuente de sentido y de vida. Parece que hemos entrado en un proceso de "desencantamiento" con relación al mundo, la vida e incluso el futuro.

En este contexto definido por la fuerte influencia del secularismo, el catequista surge como fuente de esperanza que muestra el camino hacia lo trascendente de una manera convincente y dialogal. El catequista recibe la tarea importantísima de reencantar al mundo. Hoy en día la ciencia, la filosofía, la tecnología, la sociología y otras disciplinas, entre otros esfuerzos humanos, ofrecen una explicación prácticamente para todo. No obstante, la religión nos recuerda que hay un mundo espiritual que trasciende la inmediatez de nuestra experiencia diaria. Sin referencia a lo trascendente, o al mundo de lo espiritual, será muy difícil entender a Dios, su revelación, el misterio de Jesucristo, el concepto de salvación y la realidad del Reino de Dios. Una Iglesia evangelizadora no puede ignorar o descartar la secularización. El catequista como un agente de evangelización necesita entender este fenómeno y buscar maneras de ser persuasivo con relación al valor del cristianismo para el mundo actual.

Por consiguiente, necesitamos una catequesis evangelizadora que tome en serio su dimensión apologética. Pero no se trata de una apologética reducida a la defensa de conceptos, doctrinas, estructuras y personas ejerciendo liderazgo, lo cual se pudiera llamar "apologética doctrinal", sino una "apologética práctica" enraizada en el ejercicio de la caridad (el amor). Hablando de esta apologética del amor, el Papa Benedicto XVI afirmó:

> el amor, en su pureza y gratuidad, es el mejor testimonio del Dios en el que creemos y que nos impulsa a amar. El cristiano sabe cuándo es tiempo de hablar de Dios y cuándo es oportuno callar sobre Él, dejando que hable sólo el amor. Sabe que Dios es amor (cf. 1 John 4:8) y que se hace presente justo en los momentos en que no se hace más que amar. Y, sabe—volviendo a las preguntas

> de antes—que el desprecio del amor es vilipendio de Dios y del hombre, es el intento de prescindir de Dios. En consecuencia, la mejor defensa de Dios y del [ser humano] consiste precisamente en el amor. (*Deus Caritas Est* 31)

El catequista como evangelizador es un testigo de lo trascendente por medio de la palabra (proclamando el Evangelio) y la acción (practicando el amor). Lo trascendente en este contexto no es una realidad abstracta o una mera idea. Es mucho más que tener un sentido espiritual de la realidad. Lo trascendente desde una perspectiva cristiana es una persona, Jesucristo, quien revela que Dios entra en relación con nosotros de manera personal: Dios crea, llama, ama, salva, revela y espera nuestra respuesta. Como evangelizador, el catequista es un embajador de Dios en la comunidad—un mediador, un puente.

3

El catequista como puente

En una de las parroquias en donde serví como catequista hace unos años, recuerdo que un Domingo Catequético—el cual se celebra usualmente en septiembre en los Estados Unidos—se organizó un rito de bendición y envío para afirmar a aquellos miembros de la comunidad que habíamos aceptado el llamado a servir y vivir nuestra identidad bautismal como catequistas. Parte del rito incluyó un momento en el cual todos los catequistas recibimos una copia de la Biblia y una copia del *Catecismo de la Iglesia Católica*. Yo había sido catequista antes. De hecho, la primera vez que serví de esta manera fue un poco después de recibir mi Primera Comunión cuando era niño. Mi responsabilidad principal en aquel entonces era explicar las lecturas del domingo a niños de 5 y 6 años en mi parroquia. ¡Recuerdo esos momentos con mucho agrado!

Al recibir copias de la Biblia y del *Catecismo*, pensé que nunca iba a leer esos libros tan largos y mucho menos entender todo su contenido. Es interesante que con el paso de los años he leído y estudiado la mayor parte de esos dos libros. Pero el sentimiento que más me embargó en ese momento fue el sentir que en ese rito estaba recibiendo la sabiduría y las convicciones que han sostenido la fe de sinnúmeros de personas por varios milenios. En ese rito me sentí literalmente en comunión con el pueblo de Israel cuyas Sagradas Escrituras hablan de las promesas de

Dios que hoy en día son parte fundamental de mi fe cristiana. Me sentí en comunión con los apóstoles y las primeras comunidades cristianas tratando de entender el sentido de la resurrección mientras que proclamaban la Buena Nueva de Jesucristo doquiera iban. Me sentí en comunión con los muchos maestros, catequistas, misioneros, evangelizadores, agentes eclesiales y teólogos que por dos mil años han dado lo mejor de sí para interpretar la Palabra de Dios y explicar la riqueza de la tradición cristiana a personas de todas las edades en distintas culturas y en distintos momentos de su vida.

Fue un momento en el que me sentí orgulloso. Al recibir aquellas copias de la Biblia y del *Catecismo de la Iglesia Católica*, el pasado, el presente y el futuro se fusionaron. Experimenté un momento de eternidad, un eterno presente, sin pasado y sin futuro, tomando las manos, escuchando las voces y experimentando la alegría de aquellos muchos catequistas y maestros ancestrales que compartieron la fe de generación en generación, para que yo la pudiera recibir. Sentí gratitud, gozo y un sentido profundo de gran responsabilidad. Era mi turno de compartir la fe a mi generación en la esquina del mundo en donde me encontraba y el momento histórico en el cual vivía. Comprendí que no estaba solo. Me sentí unido a esos antepasados por medio de la oración y la intercesión. Fue una verdadera experiencia de lo que significa ser parte de la Comunión de los Santos. Los esfuerzos de estos catequistas y maestros del pasado condujeron a la formación de comunidades que hoy en día nutren la fe de muchas personas por medio de la Palabra de Dios y los sacramentos. Sus reflexiones—por medio de lecciones, oraciones y meditaciones profundas sobre lo que significa catequizar—informan mi propia actividad como catequista. Lo que sentí ese día sigue inspirándome en el presente al continuar mi servicio en este noble ministerio.

Los catequistas nunca comenzamos de cero. Esto nos debe llenar de tranquilidad. Otros catequistas y maestros, verdaderos gigantes de la fe, nos han precedido en el continuum de la historia y ahora seguimos sus huellas. Somos puentes entre esos ancestros y nuestras comunidades contemporáneas; entre el pasado y el presente; entre las comunidades que disciernen la fe en el tiempo y el espacio; entre distintas culturas y maneras de vivir; entre un mundo que vemos en donde la gente busca entender a Dios y el maravilloso mundo de lo espiritual, lleno de promesas y sorpresas maravillosas.

HEREDERO Y MEDIADOR DE LA TRADICIÓN CRISTIANA

Cuando el catequista se prepara para entrar en la experiencia de compartir la fe, parte del proceso consiste en discernir qué es lo que se va a presentar a las personas que encontrará. Los niños necesitan aprender los elementos básicos de la fe, lo cual complementará lo que ya han aprendido de sus padres y otros adultos viviendo en sus hogares. Los jóvenes tienen preguntas sobre la fe que con frecuencia se mezclan con preguntas sobre su vida. Los adultos queremos ampliar y profundizar nuestro conocimiento sobre la fe mientras que exploramos maneras de integrar lo que creemos con las decisiones que hemos tomado. Nos encontramos con una gran variedad de expectativas y el catequista necesita responder de alguna manera. Es importante saber que el catequista no tiene que tomar todas las decisiones por su propia cuenta o saberlo todo para responder a dichas expectativas.

Como catequistas, hoy en día contamos con el privilegio de poder acceder a un gran número de recursos que nos ayudan a organizar el contenido de lo que queremos compartir. Uno de esos recursos es la guía catequética. Varias casas editoriales y organizaciones frecuentemente convocan a equipos de líderes catequéticos, expertos en educación, teólogos, psicólogos, artistas y otros profesionales para producir guías que ayuden a los catequistas a presentar la fe de una manera enfocada y atractiva. Algunos de estos recursos organizan el contenido de la catequesis de acuerdo a temas específicos; otros se enfocan en las Escrituras, como en el caso de los recursos basados en el leccionario dominical, invitando a profundizar sobre la Palabra de Dios que se comparte en la Eucaristía cada semana. Hay recursos que ofrecen historias, análisis y reflexiones sobre la fe, los cuales pueden usarse para facilitar conversaciones. La mayoría de comunidades gozan de la presencia de catequistas con bastante experiencia, directores y coordinadores de educación religiosa al igual que de agentes pastorales bien formados que están disponibles para organizar el posible contenido de un momento catequético.

Sin importar qué recursos un catequista escoja para compartir el contenido de la fe a un grupo en particular, es importante que todo catequista siempre sea consciente del tesoro que ha recibido. Son muchos los creyentes cristianos que trabajaron fuertemente y dedicaron son vidas a articular con claridad la fe que ahora compartimos con las personas de nuestras comunidades. Muchas doctrinas, prácticas de fe, ritos y oraciones han sido actualizados o articulados con mayor claridad con el paso del tiempo. Mientras que la comunidad de fe permanece fiel a las verdades esenciales de nuestra fe, muchas de ellas contenidas en el Credo, existe gran diversidad de experiencias en cuanto a como esas verdades se han interpretado y explicado en comunidades específicas en el transcurso de la historia y en distintas culturas. Lo que enseñamos hoy es el resultado de siglos de discernimiento que llega a nuestras manos para compartirlo con la siguiente generación.

El tesoro de la fe que se nos ha confiado y que ahora enseñamos *es* nuestro y *no lo es* al mismo tiempo. Digamos más sobre esto. El tesoro de la fe es nuestro en cuanto que al escuchar la Palabra de Dios y recibir las Escrituras y la tradición, los hacemos parte de nuestra vida como bautizados. Desde esta perspectiva, apropiamos ese tesoro discerniendo cómo se relaciona con nuestra vida; oramos con él y lo ponemos en práctica en lo cotidiano. Como discípulos cristianos, hacemos lo mejor que podemos para entender lo que creemos mientras lo interpretamos con los recursos que tenemos a la mano. Constantemente nos preguntamos: ¿Qué significa ser cristiano aquí y ahora? ¿Qué tanto significado tiene este aspecto de la fe o este otro? Las respuestas que demos a estos interrogantes son nuestras. Al momento de compartir la fe, los catequistas muchas veces compartimos los resultados de nuestro discernimiento como testigos. A eso le llamamos testimonio. Cada catequista debe sentirse con la libertad y la motivación de proclamar con alegría su propio Magníficat tal como lo hizo María:

> Mi alma canta la grandeza del Señor,
> y mi espíritu se estremece de gozo en Dios, mi salvador,

porque el miró con bondad la pequeñez de tu servidora.
En adelante todas las generaciones me llamarán feliz,
porque el Todopoderoso he hecho en mí grandes cosas:
¡su Nombre es santo! (Lucas 1:46–49)

Al mismo tiempo, ese tesoro de la fe no es simplemente nuestro, sino que también pertenece al Pueblo de Dios, la Iglesia. Cuando creo, creo con la Iglesia. Cuando discierno lo que el Evangelio significa en mi vida, o cómo vivo en relación con Jesucristo, lo hago con la Iglesia. Aunque como persona bautizada el Espíritu Santo me mueve a discernir y a definir personalmente lo que el tesoro de la fe significa para mí, y cómo puedo hacerlo parte de mi vida, no es mi prerrogativa como individuo definir el significado último de la fe o sus límites. Tal es el papel de la comunidad eclesial, guiada por el magisterio (el papa y los obispos en comunión). Por lo tanto, los catequistas tenemos que cultivar una relación de fidelidad hacia la comunidad eclesial, la tradición y la autoridad de las Escrituras. Hemos de compartir nuestra fe con integridad y fidelidad *con la Iglesia*.

Al ejercer nuestro ministerio como catequistas, la línea que separa lo que compartimos a la luz de nuestro testimonio personal como personas bautizadas y lo que hemos de compartir con integridad y fidelidad *con la Iglesia* es bastante sutil. Estas dos dinámicas no se contradicen. De hecho, se espera que los catequistas hagamos las dos cosas. Para hacerlo bien es fundamental que los catequistas nos formemos constantemente a nivel catequético, teológico y pedagógico. Los catequistas necesitamos formarnos también en el arte de leer los signos de los tiempos en nuestro mundo contemporáneo. Así como es importante tener un conocimiento sólido de las Escrituras y del *Catecismo de la Iglesia Católica*, también necesitamos ser expertos en lo que ocurre en el mundo, nacionalmente e internacionalmente. Uno de mis maestros hace unos años me decía: "toda persona dedicada a la teología siempre debe tener tres recursos sobre su escritorio: una Biblia, una copia del *Catecismo* y un periódico". Creo que el mismo consejo aplica a todos los catequistas, con la diferencia de que hoy en día necesitamos un computador para leer las noticias. Las parroquias, diócesis y pequeñas comunidades de fe tienen la obligación de formar a sus catequistas. En cuanto sea posible, se debe proveer a los catequistas formación académica en universidades o seminarios. Si realmente valoramos el tesoro de la fe que compartimos en nuestras comunidades, tenemos que invertir en aquellas personas que comparten dicho tesoro.

LAS CINCO TAREAS DE LA CATEQUESIS

No solo la vocación y las acciones del catequista son profundamente eclesiales, sino que también construyen la Iglesia. Para crecer con vitalidad, la Iglesia necesita catequistas. Los catequistas participamos en la construcción de la comunidad eclesial compartiendo con alegría la fe con los demás para que se sientan lo suficientemente motivados a ser Iglesia—Pueblo de Dios—y lleven su fe a la acción por medio del apostolado. Los catequistas participamos en la construcción de la sociedad en la que vivimos preparando personas de fe que vivan como discípulos cristianos auténticos y siempre dispuestos a hacer del mundo un mejor lugar para todos.

El *Directorio para la Catequesis*, reflexionando sobre la manera como Jesús formó a sus discípulos, identifica cinco tareas que son esenciales para el ministerio de la catequesis:

> Para lograr su propósito, la catequesis persigue algunas tareas, relacionadas entre sí, que se inspiran en la manera como Jesús formaba a sus discípulos: les hacía conocer los misterios del Reino, les enseñaba a orar, proponía las actitudes evangélicas, los iniciaba en la vida de comunión con Él y entre ellos y en la misión. (79)

Los agentes que por excelencia llevamos a cabo estas tareas somos los catequistas. Reflexionemos brevemente qué se requiere de los catequistas para avanzar dichas tareas.

Llevar al conocimiento de la fe. El catequista comienza proclamando el kerygma con alegría, convicción y simplicidad. Esta primera proclamación se debe hacer de tal manera que quien la escucha quiera conocer más sobre Jesucristo, su Evangelio, su Iglesia y todo lo relacionado con la fe cristiana. El catequista debe comunicar la siguiente convicción: una fe que se vive bien es una fe que se conoce bien, y viceversa. Es importante que quienes participan de la experiencia catequética aprendan a apreciar cada vez más la necesidad de estudiar la fe. Y esto comienza con el catequista mismo. El catequista ayuda a quienes están siendo catequizados a entender la importancia de conocer los aspectos fundamentales de la fe, en particular usando la memoria para recordar datos claves. Al mismo tiempo, el catequista ha de ayudarles a desarrollar un sentido crítico para analizar la fe y determinar cómo ésta afecta nuestra vida. Estas dos dinámicas son fundamentales para crecer en una relación íntima con Dios.

Iniciar en la celebración del misterio. Muchos esfuerzos catequéticos en nuestras comunidades de fe están asociados con la preparación para recibir los sacramentos. El catequista ayuda a quienes van a ser iniciados en la fe, o quienes completarán su iniciación cristiana, a entender la belleza de los sacramentos que son parte de este momento tan importante: Bautismo, Confirmación y Eucaristía. Una vez que los creyentes son iniciados, el catequista procede a enseñar sobre las responsabilidades del discipulado cristiano e invita a los bautizados a entender y a amar la belleza de los sacramentos, especialmente la Eucaristía. El catequista motiva a participar en la celebración Eucarística y a recibir los demás sacramentos. La catequesis es una excelente oportunidad para introducir a los creyentes a la riqueza ritual de la liturgia, su simbolismo, sus oraciones y sus ritmos. El catequista prepara a la comunidad para participar de manera más intencional en la liturgia y crea espacios para que quienes están siendo catequizados compartan lo que han experimentado en esas celebraciones. El catequista es un guía que conduce a los demás hacia los misterios de la vida sacramental.

Formar en la vida en Cristo. Ser un discípulo de Jesucristo exige ciertos compromisos específicos en cuanto a cómo actuamos privada y públicamente, con quienes nos relacionamos, cómo participamos en la sociedad, cómo usamos nuestros recursos, qué tanto nos preocupamos por los demás, especialmente las personas más necesitadas y la creación, etcétera. El catequista propone criterios suficientes a las personas que encuentra para que tomen decisiones importantes a la luz de su fe y de su relación con Jesucristo. El papel del catequista no es necesariamente dictaminar ciertas clases de conducta, imponer sus opiniones personales sobre asuntos éticos o políticos, o hacer juicios sobre cómo los demás deben vivir. El catequista comparte con fidelidad las enseñanzas de la Iglesia sobre la vida moral al igual que la doctrina social de la Iglesia. Al hacer esto, el catequista potencia a quienes están siendo catequizados a ser responsables de sus decisiones y su vida. Al formar en la vida en Cristo, el catequista promueve fervientemente la convicción de que los seres humanos estamos llamados a realizarnos plenamente y comparte con quienes están siendo catequizados el plan de Dios para la humanidad, mediado por las Sagradas Escrituras y la tradición de la Iglesia.

Enseñar a orar. La mejor manera de enseñar a otros a orar es orando. Toda instancia de formación catequética debe comenzar con un momento de oración. Los catequistas tenemos que estar atentos al impacto que tienen las palabras, los ritos sencillos y los símbolos cuando oramos en nuestras sesiones catequéticas. Es importante preparar bien estos momentos puesto que usualmente son los momentos que quienes son catequizados recordarán mejor. El catequista comparte cómo el Pueblo de Dios ha orado a través de la historia y en distintas culturas. Es importante enseñar sobre el valor de la oración personal y la oración comunitaria. El catequista introduce a las personas a las distintas formas de oración—bendición y adoración, petición, intercesión, acción de gracias, alabanza—incluyendo el valor de la oración contemplativa. Hemos de compartir ejemplos de personas orando: Jesús, personas en las Escrituras, líderes eclesiales, miembros de la comunidad, santos, personas de otras religiones, etcétera.

Introducir a otras personas a la vida comunitaria. Puesto que la catequesis es un ministerio profundamente eclesial, siempre está al servicio de la construcción de la Iglesia. El catequista es un miembro de la comunidad, llamado desde el seno de la comunidad y enviado a servir a la comunidad. Desde esta perspectiva, el catequista celebra los gozos y los desafíos de ser parte de una comunidad de fe. En el proceso de introducir a los demás a la vida comunitaria, el catequista cultiva en aquellos que participan en el encuentro catequético un sentido de comunión espiritual. Catequizar a los demás sobre la vida comunitaria exige que les invitemos a asumir responsabilidad por medio una participación genuina. Cuando participamos y enseñamos a otros hacer lo mismo en la vida comunitaria, crecemos en cuanto a nuestro sentido de pertenencia. Somos la Iglesia.

En todas estas tareas, el catequista va adelante dando ejemplo. El catequista modela con alegría para los demás lo que significa conocer la fe, celebrar el misterio, vivir en Cristo, orar y vivir comunitariamente.

DISCÍPULOS MISIONEROS

Todos los catequistas estamos al servicio de la misión evangelizadora de la Iglesia (véase el capítulo 2). Esto significa que el catequista, al igual que cualquier otra persona evangelizando, es un discípulo misionero. Históricamente, muchos católicos hemos hablado de la identidad discipular y de la identidad misionera como realidades afines, pero necesitamos hacer un mejor trabajo hablando de su íntima interrelación. Aunque todos los bautizados somos discípulos, en muchas ocasiones se ha asumido que del grupo de discípulos solo algunos se dedican a la actividad misionera de la Iglesia. Para muchos católicos hablar de misión es hablar primordialmente de llevar el Evangelio a tierras y sociedades distantes que todavía no han escuchado hablar de Jesucristo. Todo esto ciertamente es parte de la manera como los católicos entendemos nuestra identidad como discípulos y misioneros, pero no lo es todo. En las últimas décadas, tres líneas de reflexión eclesial nos han ayudado a hablar con más confianza sobre lo que hoy en día conocemos como "discipulado misionero".

Primero, el Concilio Vaticano II, un evento con una visión profundamente pastoral, nos recordó con claridad la dimensión activa de nuestra identidad bautismal, con gran énfasis en la misión de los laicos. Es algo que ya sabíamos, pero que no se había enfatizado suficientemente. Todos los bautizados somos directamente responsables de la misión evangelizadora de la Iglesia, no solamente los ordenados o los consagrados. Segundo, la manera como la Iglesia entiende el concepto de misión hoy en día incluye prácticamente todo aspecto de la vida eclesial. Todo lo que la Iglesia—el Pueblo de Dios—hace tiene un carácter misionero. Todavía existe un compromiso con la misión que lleva a proclamar el Evangelio en tierras y culturas lejanas o donde no se haya escuchado todavía el nombre de Jesús, pero la misión comienza aquí y ahora: en nuestros hogares, barrios, pueblos y ciudades y en nuestra propia cultura, aun cuando muchos o la mayoría de las personas en estos contextos ya sean bautizadas. La Iglesia vive en un estado permanente de misión, siempre renovando la proclamación de la Buena Nueva, a tiempo y a destiempo. Tercero, todo cristiano es un discípulo misionero. No se puede separar una realidad de la otra. Ser un discípulo exige que vivamos como misioneros; ser un misionero presupone que seamos intencionalmente discípulos.

Haciéndole eco a esta convicción, el *Directorio para la catequesis* insiste que todo esfuerzo catequético debe tener un carácter misionero (véase 48–50). Catequizamos como expresión de nuestro discipulado misionero. Catequizamos porque somos misioneros. Catequizamos para la misión. Catequizamos para formar y potenciar nuevos discípulos misioneros. No importa lo que hagamos como catequistas, especialmente en cuanto que avanzamos las cinco tareas de la catequesis, todo tiene una dimensión misionera. En su carta apostólica *La Alegría del Evangelio*, el Papa Francisco nos regala un pasaje fascinante que expresa claramente lo que significa ser una Iglesia de discípulos misioneros: "La Iglesia en salida es la comunidad de discípulos misioneros que primerean, que se involucran, que acompañan, que fructifican y festejan" (24). El punto de partida de esta visión es que la Iglesia es una comunidad de discípulos misioneros "en salida".

Ser Iglesia en salida implica ir más allá de los espacios inmediatos en donde normalmente ocurre la catequesis, como en el caso de los colegios, salones parroquiales o lugares de reunión. Iglesia en salida exige ir a las periferias tanto eclesiales como sociales en donde deviene el diario vivir de muchas personas que a veces no son parte de nuestros esfuerzos evangelizadores regulares: sectores urbanos, prisiones, hospitales, parques, fábricas, lugares con niveles altos de pobreza, campos de refugiados, fronteras con grandes poblaciones migrantes, ancianatos, comunidades de personas con discapacidades, lugares afectados por la violencia, centros de rehabilitación para personas que sufren adiciones y buscan una segunda oportunidad, etcétera. Hay muchas otras periferias que pudiéramos nombrar. Ser Iglesia en salida consiste en ir a esos espacios y lugares en donde la gente en nuestros días, especialmente los jóvenes, discuten la fe, hacen preguntas y definen aspectos importantes de su vida. Muchos de esos espacios son virtuales, en el internet y el mundo de los medios sociales. Ser Iglesia en salida exige salir a buscar a otras personas que son consideradas diferentes quizás porque no comparten de lleno nuestros valores o porque no entienden la vida como nosotros la entendemos; personas que tienen compromisos religiosos, sociales y políticos que son distintos a los nuestros, buscándolas para entrar en un diálogo respetuoso marcado por el amor y la humildad. Todo esto exige maneras novedosas y creativas de hacer catequesis. Por esa razón, la catequesis no puede ser concebida sino como una actividad misionera. El Pueblo de Dios necesita catequistas listos y con el deseo de vivir en salida.

Ese breve pasaje del Papa Francisco nos ofrece una metodología de cinco momentos para una catequesis en salida fundamentada en una visión de discipulado misionero:

a. *Dar el primer paso.* El catequista que es misionero no espera a que la otra persona venga a donde está, sino que toma la iniciativa de salir a buscarla. Esto es lo que Dios hace con nosotros: Dios toma la iniciativa, sale a nuestro encuentro cada segundo y nos regala su amor, especialmente el amor de Jesucristo resucitado. El catequista tiene que ser alguien que invita, busca y propone. El catequista que es misionero no espera a que alguien le pida que proclame el kerygma; lo proclamamos con amor, solicitud y gozo.
b. *Involucrarse.* El catequista que es misionero pregunta a los demás cómo están y qué ocurre en su vida. Este es el punto de partida de una catequesis personal y misionera. Necesitamos escuchar las historias de las personas y ayudarlas a conectar esas narrativas a la gran historia de la tradición cristiana. La misión evangelizadora de la Iglesia no puede limitarse a una catequesis fría e impersonal, enfocada solamente a impartir contenidos. Al momento de entrar en la experiencia catequética, tanto niños, jóvenes y adultos no dejamos atrás quienes somos. Todo lo contrario, llevamos a la catequesis nuestras historias, nuestra

identificación racial, étnica y cultural; nuestro dolor, nuestras preocupaciones y ansiedades; nuestras esperanzas y sueños. Involucrarse significa reconocer el valor de la experiencia humana en su complejidad y hacerla parte del proceso de discernimiento de la fe.

c. *Acompañar.* El catequista que es misionero saca el tiempo necesario para acompañar a los demás. Algunas veces, ese acompañamiento exige escuchar con atención cómo otras personas interpretan su fe a la luz de sus experiencias diarias. Otras veces, acompañar consiste en caminar con la otra persona sin saber por cuanto tiempo. Acompañar primordialmente consiste en hacernos presentes en la vida de los demás.
d. *Dar fruto de vida nueva.* El catequista que es misionero siempre está abierto a la acción del Espíritu Santo. Es el Espíritu Santo quien actúa en la vida de las personas y comparte dones. El catequista le enseña a quienes están siendo catequizados a abrirse a la acción del Espíritu mientras que les ayuda a nombrar los frutos del mismo Espíritu que ya existen en su vida.
e. *Festejar.* Una catequesis con espíritu misionero siempre culmina en celebración. Esto ocurre de dos maneras. Por un lado, el catequista invita a quienes encuentra en la experiencia catequética a celebrar la vida sacramental de la Iglesia, especialmente la Eucaristía en la cual expresamos quiénes somos como pueblo de Dios. Por otro lado, celebramos que quienes estaban en una periferia o quienes quizás no estaban muy involucrados en la práctica de su fe ahora han renovado el compromiso de hacerlo de manera más activa, tanto individual como comunalmente. Celebramos con un sentido de *fiesta*, con comida y bailes, con risas e historias, con agradecimiento y esperanza.

4

El catequista como compañero

Todos los catequistas tienen un lugar especial en mi corazón. Como profesor de teología, dedico gran parte de mi energía y trabajo investigativo a estudiar cómo educar de una mejor manera a los demás en la fe hoy en día. Me fascina lo que acontece en el hogar cuando los padres y otros adultos comparten su fe con las nuevas generaciones; me intriga cómo educamos en la fe en reuniones parroquiales y salones escolares; observo con gran interés como se debate la fe en las grandes palestras universitarias. También soy un lector ávido de obras que describen cómo otros creyentes han educado cristianamente en el transcurso de la historia. Un grupo que siempre me ha llamado la atención, por el cual mi admiración aumenta cada día, es el de los catequistas que acompañan a las personas durante el proceso del Rito de Iniciación Cristiana de Adultos (RICA), incluyendo a aquellos que ayudan a niños, jóvenes y adultos a completar su iniciación cristiana.

El catecumenado, es decir el proceso que ayudó a las comunidades cristianas durante los primeros siglos a recibir e incorporar a un sinnúmero de personas en la Iglesia, adultos en su mayoría, se encuentra al centro de la experiencia misionera. El proceso combinaba instrucción en la fe, recepción de símbolos, momentos intensos de oración, retiros y acompañamiento. Fue organizado según etapas que se podían identificar claramente, las cuales se enfocaban en preparar a los candidatos para que participaran en los ritos de iniciación y luego se integraran en la vida de la comunidad. Como proceso—no un programa—el catecumenado privilegiaba el discernimiento personal y comunitario sin tener que preocuparse necesariamente cuánto duraría la experiencia. Una persona podía ser parte del proceso por dos o tres años, otras por cinco o diez. Ha sido una de las experiencias catequéticas más efectivas en la historia de la Iglesia. Después del siglo V, dejó de practicarse en la mayor parte del mundo, aunque sería implementado por misioneros en distintos lugares. El Concilio Vaticano II restauró el catecumenado. El proceso es conocido entre los católicos gracias a la implementación del RICA.

El modelo catequético del catecumenado es un don maravilloso para la comunidad cristiana. El *Directorio para la Catequesis* lo llama "fuente de inspiración para la catequesis" (61). El modelo es implementado estrictamente como un proceso para iniciar a quienes no han sido bautizados, un camino para completar la iniciación cristiana de los bautizados que todavía no lo han hecho, y una inspiración catecumenal para toda otra actividad catequética en la Iglesia (véase el *Directorio para la Catequesis* 62).

Una característica particular de los catequistas del RICA, la cual considero como una de mis favoritas, es que son verdaderos compañeros de camino—acompañantes. Estos catequistas son expertos en el arte de acompañamiento cristiano. La naturaleza del proceso del RICA presupone este tipo de catequistas. Estos catequistas no son parte del proceso simplemente para "enseñar" clases sino para *acompañar* en sesiones de diálogo y discernimiento. El RICA busca iniciar a los creyentes en los misterios de la fe cristiana siguiendo los ritmos del Espíritu Santo en su vida y sus propias maneras de discernir. El catequista no es parte del proceso para "acelerar" o "desacelerar" la experiencia; no es el papel del catequista imponer ideas preconcebidas sobre le que significa ser cristiano. El catequista del RICA acompaña al catecúmeno—la persona que se prepara para ser iniciada cristianamente—cuanto tiempo sea necesario, abierto a los movimientos y la manera de proceder del Espíritu Santo en el corazón y la mente de quien camina hacia la iniciación cristiana. Lo que aprendemos de la experiencia de los catequistas del RICA lo podemos aplicar a todas las personas que han aceptado el llamado a catequizar.

Volvamos brevemente al tema de la pedagogía divina. Ser un compañero significa seguir el ejemplo de Dios que camina con la humanidad en la historia, revelando pacientemente el plan de salvación al igual que su propio ser divino, anhelando nuestra respuesta ávidamente. Ser un compañero consiste en aprender sobre cómo Jesús se relacionó con las personas de su tiempo, con palabras y acciones llenas de amor. Ser un compañero consiste en encontrar a las personas en su propio caminar, así como Dios nos encuentra en el nuestro. Ser un compañero es caminar en donde la gente camina—en los senderos que siguen; en las periferias o centros en donde viven—siempre invitándoles a crecer en el conocimiento de lo que significa ser un discípulo misionero.

MISTAGOGO, GUÍA QUE CONDUCE AL MISTERIO

La palabra griega, *mystagogos*, hace referencia a "alguien que inicia a otras personas en los misterios". La mayoría de las religiones antiguas tenían mistagogos. En algún momento los primeros cristianos hicieron suyo el término, usualmente asociándolo con el obispo. Más adelante los mistagogos fueron predicadores y catequistas especializados que tenían la responsabilidad de explicar los misterios sagrados de la fe, especialmente a personas preparándose para ser iniciadas en la vida cristiana. En nuestro día el término "mistagogo" no es muy común, aunque en el mundo catequético hablamos frecuentemente sobre la urgencia de una catequesis mistagógica. Una vez que completamos nuestra iniciación cristiana, los bautizados entramos en un período de formación en la fe llamado mistagogía, el cual dura el resto de nuestra vida. Es un período que "se caracteriza por una experiencia cada vez más profunda de los misterios de la fe y de la inserción en la vida de la comunidad" (*Directorio para la Catequesis* 63).

Los catequistas somos mistagogos precisamente gracias a la vocación que hemos recibido. Caminamos con las personas a quienes preparamos para entrar en los misterios de la iniciación cristiana; las preparamos para recibir los sacramentos del Bautismo, la Confirmación y la Eucaristía de una manera consciente. Las ayudamos a entender que al bautizarse son invitadas a participar en la celebración y la gracia del resto de los sacramentos. Pero nuestro ministerio no se acaba después de la iniciación cristiana. Después de la iniciación es cuando las personas bautizadas quizás nos necesitan más. Han sido insertas en el misterio y ahora necesitan entender lo que eso significa. Necesitan catequistas que les ayuden a discernir lo que significa ser discípulos misioneros en los distintos momentos de su vida. En ambas instancias—guiándolas hacia la iniciación cristiana y durante el período mistagógico—nos encontramos enseñándoles la riqueza de los misterios de la fe mientras que las acompañamos en un estudio más profundo de ellos. El trabajo del catequista como mistagogo nunca termina.

Como mistagogos o guías que conducen al misterio de la fe cristiana, los catequistas ciertamente sabemos cuándo comienza el caminar, vemos signos de progreso en cuanto que los bautizados crecen en su manera de entender su discipulado, pero no sabemos necesariamente cuándo es el final. Eso no debe preocupar ni al que catequiza ni a la persona siendo catequizada. En muchas comunidades de fe, los católicos nos acercamos a las experiencias catequéticas como si fueran procesos similares a una cadena de montaje en una fábrica: en un momento recibimos a alguien que necesita prepararse para la iniciación cristiana o completar este proceso; alguien que necesita recibir otro sacramento; alguien que quiere ser parte de un grupo de estudio bíblico o quizás de una clase de teología; alguien que tal vez está pasando por un momento difícil y quiere ser parte de una comunidad de diálogo intencional que le ayude a interpretar mejor su realidad. Después de cierto proceso, existe la tendencia a asumir que en el trascurso de tres, cinco, diez o quizás veinte reuniones tendremos una persona cristiana completamente formada; que después de un curso bíblico las personas pueden hablar con autoridad sobre interpretación bíblica; o que después de leer unos cuantos libros de teología o espiritualidad, las personas tienen suficiente conocimiento para presentarse en público como intérpretes de la fe, lo cual es muy común en el mundo sin restricciones de los blogs y los medios de comunicación social.

Algo similar puede ocurrir cuando nos acercamos a la catequesis con ciertas expectativas sobre lo que significa cambiar o experimentar un momento de conversión. Algunos catequistas se pueden sentir frustrados cuando observan que, después de muchas sesiones de diálogo y estudio en un contexto de formación en la fe, las personas parecen seguir viviendo de maneras que no siempre reflejan signos de un discipulado cristiano maduro. Algunos pueden pensar que están perdiendo su tiempo con niños y jóvenes que no parecen tomar su fe en serio y simplemente llegan a las sesiones automáticamente para completar un proceso que no les interesa mucho. Muchas personas bautizadas participan de largos programas y procesos catequéticos y no cambian, al menos de una manera visible. Entonces el catequista se puede preguntar: "¿Estoy siendo efectivo?". La pregunta en sí misma es muy propia de la cultura occidental, especialmente muy norteamericana. Queremos ejercer control total sobre todo lo que hacemos y lo que esperamos de nuestras acciones.

Los catequistas tenemos que reconocer "que la conversión nunca está completamente realizada, sino que dura toda la vida" (*Directorio para la Catequesis* 64). Por esta razón, necesitamos hablar de "conversión permanente". ¡El hecho de que alguien cambie la dirección de su vida o que viva de una manera consistente con el discipulado cristiano no es el resultado de nuestras acciones! Eso se lo dejamos a Dios y a su Espíritu Santo.

Los catequistas como mistagogos debemos orar por dos virtudes en particular: confianza y paciencia. La confianza nos permite reconocer que Dios es quien toma la iniciativa; que el Espíritu Santo obra en el momento y el lugar adecuados; que lo que pasa en el corazón y la mente de la persona que está siendo catequizada siempre es un milagro que se lleva a cabo al ritmo de Dios. ¿Por qué quisiera alguien acelerar el milagro?

En cuanto a la paciencia, el Papa Francisco nos ofrece palabras de sabiduría en su Exhortación Apostólica *La Alegría del Evangelio*. La evangelización exige que construyamos comunidades que estén abiertas y dispuestas a darle la bienvenida con paciencia, caridad y misericordia a todos los que quieran ser parte de ellas. No existe una comunidad de fe perfecta—al menos en el contexto de la historia—o una comunidad de personas perfectas. El mensaje central del Evangelio consiste en un amor inclusivo que hace espacio para todos, sin importar dónde se encuentren en su caminar de fe, para que tengan un encuentro transformador con Jesucristo. "Luego, la comunidad evangelizadora se dispone a 'acompañar'. Acompaña a la humanidad en todos sus procesos, por más duros y prolongados que sean" (24). El Papa Francisco continúa:

> El acompañante sabe reconocer que la situación de cada sujeto ante Dios y su vida en gracia es un misterio que nadie puede conocer plenamente desde afuera. El Evangelio nos propone corregir y ayudar a crecer a una persona a partir del reconocimiento de la maldad objetiva de sus acciones (cf. Mt 18:15), pero sin emitir juicios sobre su responsabilidad y su culpabilidad (cf. Mt 7:1; Lc 6:37). De todos modos, un buen acompañante no consiente los fatalismos o la pusilanimidad. Siempre invita a querer curarse, a cargar la camilla, a abrazar la cruz, a dejarlo todo, a salir siempre de nuevo a anunciar el Evangelio. La propia experiencia de dejarnos acompañar y curar, capaces de expresar con total sinceridad nuestra vida ante quien nos acompaña, nos enseña a ser pacientes y compasivos con los demás y nos capacita para encontrar las maneras de despertar su confianza, su apertura y su disposición para crecer. (172)

A medida que guiamos a otras personas hacia el interior del misterio cristiano, nos corresponde a los catequistas mostrar maneras específicas y accesibles que conduzcan a dicho misterio. La tradición filosófica cristiana nos recuerda que como seres humanos estamos predispuestos a encontrar y a acoger la verdad, la bondad y la belleza. Estas tres realidades son conocidas como "los valores transcendentales". Estos valores universales permean prácticamente todo lo que existe. Por consiguiente, al relacionarnos con la realidad los seres humanos nos sentimos atraídos hacia la verdad, deseamos lo que es bueno, y amamos y contemplamos lo bello. Dios es la fuente última de la verdad, la bondad y la belleza. El catequista como mistagogo hace bien invitando a quienes son catequizados a contemplar la verdad, la bondad y la belleza como caminos que conducen hacia Dios.

Cualquier encuentro con la verdad, la bondad y la belleza nos acerca más a la fuente de todo lo que es verdadero, bueno y bello: Dios. Uno de los regalos más importantes que podemos dar como catequistas a aquellas personas con quienes compartimos la fe es prepararlas para reconocer estas importantes realidades en su vida. No podemos asumir que toda persona está preparada para ello. Tenemos que catequizar a los demás para que puedan identificar y nombrar la verdad, la bondad y la belleza. El *Directorio para la Catequesis* en particular nos invita a reconocer el valor pedagógico de la "vía de la belleza" (*via pulchritudinis*). Por muchos siglos, los catequistas cristianos y otros evangelizadores introdujeron a otras personas a los misterios de la fe por medio de las artes: pintura, escultura, teatro, música, poesía, literatura, danza, etcétera. Cada cultura tiene sus maneras particulares y majestuosas de expresar estas vías de la belleza, enfatizando la importancia de lo estético. Lo bello exige una actitud contemplativa. Es lamentable que en nuestro mundo agitado usualmente no sacamos el tiempo necesario para contemplar la belleza. Más lamentable aún es que muchos de nuestros esfuerzos catequéticos ignoran frecuentemente el poder de la belleza para acercar a los demás más de lleno al misterio. Tenemos que mejorar en este sentido:

> La belleza está siempre e inseparablemente impregnada de bondad y de verdad. Por eso, contemplar la belleza provoca en la persona sentimientos de alegría, placer, ternura, plenitud, sentido, abriéndola así a lo trascendente. El camino de la evangelización es la vía de la belleza y, por tanto, toda forma de belleza es fuente de la catequesis. (*Directorio para la Catequesis* 109)

COMPAÑERO DE CAMINO

Al reflexionar sobre el catequista como compañero de camino, vale la pena citar las siguientes palabras del *Directorio para la Catequesis*:

> El catequista es experto en el *arte del acompañamiento*, tiene habilidades educativas, sabe escuchar y entrar en las dinámicas de la maduración humana, se hace compañero de viaje con paciencia y con sentido de gradualidad, con docilidad a la acción del Espíritu, en un proceso de formación, ayuda a los hermanos a madurar en la vida cristiana y a caminar hacia Dios. El catequista, experto en humanidad, conoce las alegrías y las esperanzas del hombre, sus

tristezas y angustias y sabe cómo relacionarlas con el Evangelio de Jesús. (113)

Como experto en el arte del acompañamiento, como dice el *Directorio*, el catequista sirve a la comunidad de fe como ejemplo de vida. Por lo general se asume que el catequista sabe un poco más y está dispuesto a dar más a medida que acompaña a otras personas en el caminar de la fe. También se asume que el catequista está mejor preparado para responder a ciertos interrogantes y dudas sobre la fe y sobre la vida, y que está un tanto mejor posicionado para confrontar las limitaciones de la condición humana que el resto de los miembros de la comunidad. Hay mucho de verdad en estas afirmaciones, y las expectativas son justificables, al igual que cuando esperamos "más" de otros líderes eclesiales o de líderes en la vida pública. Sin embargo, no podemos perder de vista la humanidad del catequista.

Los catequistas somos expertos en el arte del acompañamiento y compañeros de camino no tanto porque estemos por encima o más allá de los demás, o porque tengamos cierto conocimiento o poder especial, o porque merezcamos recibir la gracia de Dios un poco más que otras personas. Lo somos porque aceptamos peregrinar con los demás en el camino de la fe mientras que compartimos las limitaciones normales que son parte de nuestra experiencia común, compartiendo esperanzas similares con aquellos que acompañamos. Los catequistas nos atrevemos a acompañar a otras personas sabiendo que sus temores, interrogantes y dudas por lo general son nuestros propios temores, interrogantes y dudas.

Los catequistas y quienes son catequizados somos compañeros en el camino de la vida buscando destellos de Dios en los fragmentos de la vida diaria; juntos buscando sentido en las convicciones de fe que nos presenta la Iglesia; sedientos de sabiduría que reside en textos y documentos; participantes en experiencias rituales que cautivan a los sentidos y que al mismo tiempo exceden nuestra habilidad de entenderlos en plenitud.

El catequista como maestro es un recipiente de la gran tradición de la Iglesia y tiene la responsabilidad de cuidar fielmente aquello que ha recibido. Sin embargo, en el proceso de compartir la tradición de la fe en el encuentro catequético, el catequista se descubre aprendiendo de aquellas personas que están siendo catequizadas. Aprende interrogantes que abren horizontes nuevos; historias que revelan la complejidad—y a veces lo caótico—de la experiencia humana; revelaciones sobre la impredecibilidad del Espíritu Santo y las muchas maneras como Dios decide hacerse presente en las vidas de las personas; gestos que nos permiten contemplar el misterio de la humanidad. Al escuchar y ser testigos de todas estas realidades, el maestro aprende; el catequista es catequizado. A medida que el catequista se prepara para enseñar, también debe prepararse para aprender. Cada persona que encontramos como catequistas—niño, joven, adulto—nos ofrece una oportunidad para observar cómo el misterio de Dios sale al encuentro del misterio humano, y así aprender algo nuevo de ambos en cada instante.

Al pensar de manera realista sobre la vocación del catequista como compañero, nos queda un interrogante más por abordar: ¿Qué hacemos con la presencia y efectos del pecado en la vida del catequista? Al final de cuentas, todos los catequistas somos seres humanos y tenemos grandes limitaciones. El pecado es parte de nuestra vida. No necesariamente tenemos que llevar una vida de pecado, pues Dios nos ha concedido la libertad para optar por una vida de gracia. Sin embargo, el pecado siempre es una posibilidad. Los catequistas no somos perfectos. Nadie lo es. Vivir sin pecado no es un requisito para ser catequista. Si tal fuera el caso, ¡no habría catequistas! Tampoco habría Iglesia. Quizás la mejor manera de responder al interrogante sobre la realidad del pecado en la vida del catequista es comenzar reconociendo que somos pecadores y que vivimos en necesidad constante del amor misericordioso de Dios para ser perdonados, renovados y sostenidos. En la primera entrevista que el Papa Francisco concedió después de su elección en el año 2013, la pregunta inicial que el padre Antonio Spadaro, SJ, le hizo fue la siguiente: "¿Quién es Jorge Mario Bergoglio?" (su nombre legal). La respuesta que ofreció el papa es una que los catequistas podemos hacer nuestra: "Yo soy un pecador. Esta es la definición más exacta. Y no se trata de un modo de hablar o un género literario. Soy un pecador… .Soy un pecador en quien el Señor ha puesto los ojos….Soy alguien que ha sido mirado por el Señor. Soy un pecador, pero confío en la misericordia infinita y la paciencia de nuestro Señor Jesucristo".

Ser perfectos o vivir sin pecado no son requisitos para ser un catequista. Tampoco son el saberlo todo sobre la fe o tener un conocimiento enciclopédico sobre el cristianismo. Algunos catequistas ciertamente saben muchas cosas y detalles. Algunos tienen títulos en teología. Otros han escrito libros sobre distintos aspectos de la fe. Sin embargo, la mayoría de los catequistas no tienen o no han hecho muchas de estas cosas. Los catequistas son ante todo *testigos*. Pero la Iglesia necesita testigos que sean *bien formados* y estén *informados*. Se espera que los líderes catequéticos que sirven ministerialmente como catequistas instituidos "reciban la debida formación bíblica, teológica, pastoral y pedagógica para ser comunicadores atentos de la verdad de la fe, y que hayan adquirido ya una experiencia previa de catequesis" (*Antiquum Ministerium* 8). Como dijimos anteriormente, todos los catequistas, en todos los niveles, tenemos la responsabilidad de cultivar lo más que podamos el hábito de leer y estudiar sobre la fe que compartimos. Nadie da de lo que no tiene. Tenemos que asegurarnos de que, como compañeros en el camino de la fe, compartimos el mensaje apropiado y lo hacemos de la manera más fiel posible.

Los catequistas como compañeros de camino por lo general entramos en relación con distintos grupos tanto en la Iglesia y la sociedad. Necesitamos tener claridad con relación a nuestro papel, cuándo comienza y cuándo termina—o al menos tener una idea de nuestros límites. Los catequistas no somos el magisterio, es decir, el papa y los obispos en comunión. Esto es obvio, aunque siempre es bueno recordarlo. Un catequista puede caer en la tentación de querer definir o redefinir convicciones doctrinales, o prácticas que se derivan de estas convicciones para dar prevalencia a opiniones personales o a una escuela de pensamiento en particular. Los catequistas no podemos tomar el lugar de la comunidad teológica, cuya formación y contribuciones académicas son necesarias en la vida de la Iglesia para explicar la tradición cristiana en categorías apropiadas y un lenguaje actual. Quienes sirven ministerialmente como catequistas instituidos, o cualquier otro catequista, no están por encima del obispo, quien es "el principal responsable de la catequesis en la diócesis", o del párroco, "el primer catequista de la comunidad parroquial" (*Directorio para la Catequesis* 114, 116).

El catequista como compañero

Cuando acompañamos a personas jóvenes, los catequistas necesitamos entender el papel de sus familias. Los padres de familia son los primeros catequistas de sus hijos. Otros adultos, abuelos y familiares viviendo en el hogar comparten la misma responsabilidad. El papel del catequista no es reemplazar a los padres de familia en el proceso de invitar a niños y a jóvenes a crecer en la fe cristiana:

> La educación en la fe por los padres debe comenzar desde la más tierna infancia. Esta educación se hace ya cuando los miembros de la familia se ayudan a crecer en la fe mediante el testimonio de una vida cristiana de acuerdo con el Evangelio. La catequesis familiar precede, acompaña y enriquece las otras formas de enseñanza de la fe. Los padres tienen la misión de enseñar a sus hijos a orar y a descubrir su vocación de hijos de Dios. (*Catecismo de la Iglesia Católica* 2226)

Los catequistas apoyamos el papel de los padres de familia como testigos de la fe para sus hijos. Cada vez que sea posible, tenemos que ofrecer oportunidades para que los padres de familia se fortalezcan en este papel: "'La Iglesia está llamada a colaborar, con una acción pastoral adecuada, para que los propios padres puedan cumplir con su misión educativa', convirtiéndose así en los primeros catequistas de sus hijos" (*Directorio para la Catequesis* 124).

Ser compañeros de camino para aquellos que catequizamos exige que cultivemos un sentido balanceado de subsidiariedad con relación a las familias, el clero, la comunidad teológica el magisterio y otros grupos, tanto en la Iglesia como en la sociedad. Lo más importante, como dijimos anteriormente, es confiar en que Dios hace lo suyo por medio del Espíritu Santo. No somos Dios, lo cual nos debe llenar de tranquilidad. Cualquier fruto que brote en la vida de quienes catequizamos es resultado de la obra del Espíritu Santo y de la apertura de estas personas a permitir que el Espíritu obre en su vida. Por supuesto, todo esto con la ayuda humilde y gozosa de los catequistas.

Te invito a concluir con una oración que creo encapsula bien el espíritu de lo que hemos reflexionado en este capítulo. Esta oración fue leída en una homilía que predicó el Cardenal John Dearden (1907–88) de la

Arquidiócesis de Detroit en 1979. Aunque la oración fue escrita por el obispo Ken Untener, de la Diócesis de Saginaw, ha sido atribuida incorrectamente a San Óscar Romero, quien ni la pronunció ni la escribió. Aun así, la oración es conocida como "La oración de Romero". Estos datos históricos sobre esta oración son importantes, pero lo es más su contenido. La oración es un llamado a aceptar con humildad que el papel de compañero no consiste en ocupar el lugar de Dios sino de llevar a los demás a Dios. Tenemos que hacer nuestra parte, pero esa parte no es el todo. La oración es una invitación a ser agradecidos, porque, a pesar de nuestras limitaciones, Dios sigue realizando la obra de la salvación en colaboración con nosotros, albañiles, no jefes de obra:

> De vez en cuando, dar un paso atrás nos ayuda
> a tomar una perspectiva mejor.
> El Reino no sólo está más allá de nuestros esfuerzos,
> sino incluso más allá de nuestra visión.
> Durante nuestra vida, sólo realizamos una minúscula parte
> de esa magnífica empresa que es la obra de Dios.
> Nada de lo que hacemos está acabado,
> lo que significa que el Reino está siempre ante nosotros.
> Ninguna declaración dice todo lo que podría decirse.
> Ninguna oración puede expresar plenamente nuestra fe.
> Ninguna confesión trae la perfección, ninguna visita pastoral trae la integridad.
> Ningún programa realiza la misión de la Iglesia.
> En ningún esquema de metas y objetivos se incluye todo.
> Esto es lo que intentamos hacer:
> plantamos semillas que un día crecerán;
> regamos semillas ya plantadas,
> sabiendo que son promesa de futuro.
> Sentamos bases que necesitarán un mayor desarrollo.
> Los efectos de la levadura que proporcionamos
> van más allá de nuestras posibilidades.
> No podemos hacerlo todo y, al darnos cuenta de ello, sentimos una cierta liberación.

El catequista como compañero

Ella nos capacita a hacer algo, y a hacerlo muy bien.
Puede que sea incompleto, pero es un principio,
un paso en el camino,
una ocasión para que entre la gracia del Señor y haga el resto.
Es posible que no veamos nunca los resultados finales,
pero esa es la diferencia entre el jefe de obras y el albañil.
Somos albañiles, no jefes de obra, ministros, no el Mesías.
Somos profetas de un futuro que no es nuestro.

5

El catequista como profeta de esperanza

"El mundo se está quedando sin esperanza", me dijo una estudiante de teología mientras conversábamos en mi oficina sobre las razones por las cuales quería dirigir un programa de catequesis en una parroquia. "Quiero marcar una diferencia en las vidas de las personas, y quiero comenzar a plantar semillas de esperanza lo más tempranamente posible en los corazones de los niños de la parroquia en la que trabaje". Los líderes catequéticos como ella me llenan de esperanza. Los niños y las familias que hoy se benefician de su ministerio me llenan de esperanza. Mis hijos, quienes exhiben una alegría contagiosa cuando comparten la fe con otros niños en su servicio como catequistas en nuestra parroquia me llenan de esperanza. Los muchos catequistas instituidos ministerialmente y que sirven en miles de parroquias, colegios, grupos y organizaciones me llenan de esperanza. Los catequistas que están comprometidos con causas de justicia social, inspirados por el Evangelio, trabajando por el bien común, me llenan de esperanza. Los maestros y líderes en colegios católicos me llenan de esperanza. Los sacerdotes, religiosas y religiosos que toman el ministerio de la catequesis con seriedad, invierten recursos en él y son ellos mismos catequistas dedicados, me llenan de esperanza. Necesito esta esperanza. ¡La Iglesia y el mundo necesitan esta esperanza!

El catequista como profeta de esperanza

Los noticieros y muchos medios de comunicación con frecuencia nos ofrecen una imagen del mundo que puede llevarnos a concluir que la humanidad ha perdido su rumbo. La verdad es que cada generación en la historia ha dicho algo muy similar al darse cuenta de que la humanidad siempre puede ser mejor. En medio de las calamidades, la violencia, la polarización ideológica y otras situaciones caóticas, parece que la esperanza se nos escapa por entre los dedos y tener esperanza es tan solo una quimera. Pero el cristianismo ofrece una visión llena de esperanza al hablar de Dios y la promesa de la vida eterna con Dios. Los cristianos creemos firmemente en el potencial de la humanidad de ser más y en nuestra capacidad de transcender la inmediatez de cualquier caos. Los cristianos proclamamos la esperanza más grande de todas las esperanzas: el Señor resucitado. ¿Será que nuestro mundo escucha? ¿Entiende el mundo este don? Sin importar la respuesta a estas preguntas, los catequistas que acabamos de mencionar surgen como verdaderos mediadores de esperanza, nadando contra la corriente, esperando contra toda esperanza. Su compromiso de construir un mundo mejor y una humanidad más inclusiva y abierta a amar, al igual que su deseo de ser una Iglesia realmente evangelizadora, se fundamentan en la esperanza que da sentido a todas nuestras esperanzas: Jesucristo. Estos catequistas son los profetas de nuestro día—profetas de esperanza.

JESUCRISTO: FUNDAMENTO DE NUESTRA ESPERANZA

Jesucristo, el hijo de Dios, es el fundamento de la esperanza que proclamamos y enseñamos como catequistas. Él es la razón que da sentido a la naturaleza y propósito de la catequesis. Toda experiencia catequética comienza y termina en Jesucristo. No solo es Jesucristo el centro de nuestra vida como catequistas, sino que él es también el centro de nuestra experiencia catequética. El *Directorio para la Catequesis* se refiere a esta convicción como *cristocentrismo*: "en el corazón de la catequesis está la persona de Jesucristo viva, presente y operante. El anuncio del Evangelio es presentar a Cristo y todo lo demás en referencia a Él" (169).

El catequista proclama con un sentido profundo de esperanza que "Al principio existía la Palabra, y la Palabra estaba junto a Dios, y la Palabra era Dios....Y la Palabra se hizo carne y habitó entre nosotros" (Juan 1:1, 14). Al hacerse uno de nosotros, Dios redime a la humanidad renovando la llamada a la vida eterna. Este es ciertamente uno de los aspectos más esperanzadores del misterio de la encarnación, aunque no el único. La encarnación también nos revela que para Dios es muy importante el hecho de que tengamos un cuerpo. Nuestros cuerpos, con sus diferencias físicas, sexuales y raciales son el punto de partida de nuestra participación en el proceso de salvación al cual somos llamados en Cristo. Nuestros cuerpos—débiles o fuertes; mestizos o de raza asiática, negra, blanca o indígena; con capacidades o discapacidades—son parte esencial del plan de salvación de Dios. A la luz del misterio de la encarnación, los catequistas proclamamos la esperanza de que nuestra existencia como seres encarnados es hermosa. Dios se hizo carne. La Palabra de Dios nació de un cuerpo de mujer. La Palabra de Dios vivió entre nosotros, seres encarnados, como uno de nosotros. Inspirados por el misterio de la encarnación, los catequistas damos esperanza a las muchas personas cuyos cuerpos han sido rechazados, ignorados, mutilados, esclavizados y abusados.

La primera proclamación que precede toda experiencia catequética se fundamenta en la convicción de que Jesús resucitó. Sin la resurrección el mensaje de la catequesis es vacío: "Y si Cristo no resucitó, es vana nuestra predicación y vana también la fe de ustedes" (1 Cor 15:14). La resurrección es la razón última de la esperanza que mueve al catequista a decir sí a la vocación a la cual ha sido llamado(a). Al compartir la Buena Nueva de la resurrección, los catequistas enseñamos sobre la esperanza con una esperanza inquebrantable. Al mismo tiempo, el enseñar sobre la esperanza de la resurrección genera esperanza en quienes reciben el mensaje:

> Esta es la primera profesión de fe en el Misterio Pascual, y el centro de la fe de la Iglesia....De la Pascua de Cristo, testimonio supremo de su Evangelio, surge una esperanza que va más allá de los horizontes visibles de lo inmanente, para fijarse en la eternidad. (*Directorio para la Catequesis* 426)

El catequista como profeta de esperanza

Los misterios de la encarnación y la resurrección revelan con gran claridad por qué Jesucristo es esperanza para la humanidad y para el resto de la creación. Para completar ese sentido de esperanza que el Señor es para la humanidad, los cristianos creemos también en el misterio de la consumación de todo al final de los tiempos, cuando todo sea uno en Cristo: "Sabemos que la creación entera, hasta el presente, gime y sufre dolores de parto. Y no solo ella: también nosotros, que poseemos las primicias del Espíritu, gemimos interiormente anhelando que se realice la redención de nuestro cuerpo. Porque solamente en esperanza estamos salvados" (Rom 8:22–24).

El catequista entra en la experiencia catequética dando testimonio agradecido por la encarnación, celebrando la resurrección con alegría, y anhelando confiadamente el Día del Señor. Este sentido de testimonio agradecido, celebración alegre y anhelo confiado sostiene la esperanza de los catequistas como discípulos de Jesucristo y concede a este ministerio eclesial su carácter profético.

CONOCEDOR DE LA REALIDAD

El catequista como profeta de esperanza es profundamente consciente de que la existencia humana ocurre dentro de los confines de la historia. Vivimos aquí y ahora. Experimentamos el amor salvífico de Dios por medio de Jesucristo en este momento y este lugar—no puede ser de otra manera. Somos lo que somos gracias a las realidades presentes que definen nuestra vida: familia, amigos, cultura, idioma, realidades socioeconómicas, políticas, preferencias ideológicas, etcétera. Somos el resultado de decisiones pasadas que tomamos o que otras personas tomaron—migración, carreras profesionales, relaciones, etcétera. Las personas que conocemos en nuestros encuentros catequéticos viven en circunstancias particulares. A algunas les va muy bien, pero otras tienen más dificultades en su vida; algunas tienen un sentido claro de la dirección hacia dónde quieren ir y otras necesitan más dirección; algunas están al comienzo de su caminar en la vida, otras necesitan comenzar de nuevo y otras se preparan para el final. Es en lo cotidiano de la vida en donde buscamos a Dios—rastreando destellos de la divinidad aquí y allá, anhelando encuentros directos—y tratamos de entender aquel misterio que simultáneamente se manifiesta en su totalidad, pero que aun así se mantiene escondido. La vida diaria, con sus altibajos, es el espacio sagrado en donde encontramos a los demás y compartimos con ellos la Buena Nueva de Jesucristo.

En el contexto de nuestra existencia histórica, buscando juntos a Dios como compañeros de camino, el catequista tiene que cultivar el arte de leer los signos de los tiempos. La misión evangelizadora de la Iglesia no ocurre en lo abstracto. La evangelización ocurre en el aquí y en el ahora de nuestra existencia histórica e involucra seriamente todo aspecto de nuestra experiencia humana. Para evangelizar efectivamente, el Concilio Vaticano II nos recuerda que "es deber permanente de la Iglesia escrutar a fondo los signos de la época e interpretarlos a la luz del Evangelio.... Es necesario por ello conocer y comprender el mundo en que vivimos, sus esperanzas, sus aspiraciones y el sesgo dramático que con frecuencia le caracteriza" (*Gaudium et Spes* 4). La lectura de los signos de los tiempos consiste en preguntarnos como catequistas cuáles son los gozos y las esperanzas, las tristezas y las angustias de las personas a quienes servimos. Las personas tienen interrogantes y preocupaciones. La única manera de saber qué hay en sus corazones es preguntándoles y escuchando atentamente a quienes encontramos en la experiencia catequética. Tenemos que escuchar con humildad a quienes encontramos, no necesariamente para ofrecer soluciones, sino para ayudarles a leer sus propias realidades a la luz de su fe y de su relación con Jesucristo—así como nosotros leemos la nuestra. El catequista lee la realidad con los ojos de la fe y enseña a los demás a hacer lo mismo. El catequista lee la realidad con sentido crítico, identificando signos de la gracia divina que dan vida mientras que denuncia el pecado y la maldad que existen a nuestro alrededor, motivando a sus hermanas y hermanos a seguir su ejemplo.

Vivimos en un mundo hermoso. Es un mundo que Dios nos regaló por amor y, sabiendo que solo hay una vida muy corta, la única manera de realizarnos es dando y recibiendo amor. En este mundo hermoso también experimentamos las limitaciones de nuestra existencia humana. Hay sufrimiento, maldad y muerte. Algunas formas de sufrimiento son el resultado de nuestra frágil y limitada experiencia como seres humanos, como en el caso de la enfermedad. Sin embargo, mucho es el sufrimiento causado por nuestra incapacidad de amarnos mutuamente y reconocer el rostro de Cristo en los demás. Ser un catequista exige estar constantemente atentos a la existencia del sufrimiento en el mundo y su efecto en nuestra vida. Como catequistas tenemos que crear momentos en nuestros encuentros de formación para nombrar el sufrimiento y dialogar sobre ello con una perspectiva de fe. Muchas personas entre nosotros han experimentado sufrimientos de manos de otras personas muy cercanas, incluyendo seres queridos; otras experimentan el sufrimiento de manos de personas que están un poco más lejos cuyas decisiones tienen grandes implicaciones para la sociedad como en el caso de la guerra y las leyes injustas. En última instancia, el resultado último del sufrimiento y el pecado es quebrantamiento. Muchas personas en nuestras comunidades de fe que participan en momentos catequéticos han experimentado quebrantamiento. Para estas personas el catequista es un instrumento de sanación y un puente hacia la restauración; en suma, una fuente de esperanza.

Un catequista que lee los signos de los tiempos con los ojos de la fe, poco a poco se convierte en un experto en la realidad. No tanto un experto como un científico o un sociólogo, sino un experto como un discípulo de Jesucristo que percibe señales de la gracia de Dios en el mundo, y también los momentos en que esa gracia parece no estar presente. Ser experto de esta manera exige grandes responsabilidades de parte del catequista. Una vez que somos testigos de las señales de la gracia de Dios, tanto en nuestra vida como en las vidas de otras personas, tenemos la obligación de celebrarlas y compartirlas con los demás. Tal es el compromiso que surge con la primera proclamación—el kerygma. Al mismo tiempo, cuando somos testigos de la ausencia de la gracia divina y del amor—como cuando hay sufrimiento causado por otros, pecado, maldad y muerte provocada—ya sea en nuestra vida o en las vidas de otras personas, no podemos ignorar dicha realidad. El querer olvidar o ignorar los efectos del pecado y el mal no es una opción. Tenemos que hacer algo. El teólogo y mártir católico Ignacio Ellacuría, SJ, asesinado en El Salvador en 1989 por un escuadrón militar apoyado por el gobierno del momento en respuesta a sus denuncias sobre injusticias estructurales que afectaban directamente a los pobres, insistía que nuestra relación con la realidad hace demandas serias de nuestra parte, las cuales son prácticamente ineludibles. El encontrarnos con la realidad implica que tenemos que "hacernos cargo de la realidad" (entender su magnitud), "cargar la realidad" (comprometerse a hacer algo) y "encargarse de la realidad" (asumir responsabilidad de una manera permanente).

DEPOSITARIOS DE ESPERANZA

Los catequistas, testigos por excelencia del amor de Dios en Jesucristo, servimos en nuestras comunidades como depositarios de esperanza. Recibimos y mediamos la riqueza de una tradición de fe que nos recuerda constantemente que Dios camina con nosotros en la historia y que cada aspecto de nuestra vida es importante cuando entramos en la experiencia catequética. Irradiamos esperanza por medio de palabras y acciones. Los catequistas encarnamos la esperanza para aquellas personas a quienes encontramos a medida que las escuchamos atentamente, hablamos palabras que conectan su vida aquí y ahora, y proclamamos la alegría de que Jesucristo es el Señor. Hacemos vida la tradición profética de la Iglesia—anunciando y denunciando—haciéndonos cargo de la realidad, cargando su peso y encargándonos de ella. Los catequistas somos verdaderos signos de esperanza para la comunidad de fe y para el mundo. Nuestra vocación es un signo evidente de que Dios no deja de llamarnos y de hacer obras grandes en nuestra vida.